學習人生的雲淡風輕

弘一大師的七部人生禪

弘一大師——原典
舒硯◉編著

目錄

第三章 持躬卷 信仰行動，執著善行進入生命之流

第六章 接物卷 律己宜帶秋氣，接物須帶春風

第七章 惠吉卷 收斂光芒，讓自己成為一個無名氏

後記

第一章 學問卷

聆聽學習，你的心不再是狹窄的通道

聆聽世界，無處不在。這世上的眾生，從起源到消亡，在無限的生命中都做過我們的老師，引導我們感知、瞭解萬事萬物。眾生深深地關愛我們，我們應念此深恩而知感恩，多用心，多盡心，將由此而生的慈悲心，作為我們解除眾生痛苦、賦予眾生快樂的通道。

人從出生開始，就在聆聽眾生的聲音，各式各樣的人、動物，乃至一草一木，其實都會帶給我們不同的感受。只要我們認真傾聽，心底總會湧起一種莫名的溫暖與歡喜；只要我們常懷恭敬與感恩，學習將會變得自然而輕鬆，不會枯燥而蒼白。不管誰在說話，我們會願意聽；不管風從哪裡來，我們會願意靜靜守候；不管雲起雲散，我們會願意仰望……

把心打開觀察萬物氣象，聆聽萬籟聲音

觀天地生物氣象，學聖賢克己功夫。諦觀少言說，人重德能成。

——弘一大師

這個故事發生在一位紳士的身上。這日，紳士在花店門口停下車，準備訂一束花，送給遠在家鄉的母親。

紳士剛要走進店門，卻發現有個小女孩坐在馬路邊哭泣，便忍不住詢問她說：

「小朋友，你為什麼坐在這裡哭？」

小女孩回答他：「我想買一朵玫瑰送給媽媽，但是我的錢不夠。」

紳士聽了牽起小女孩的手走進了花店，先訂下送給自己母親的花束，然後買了一朵玫瑰花送給了小女孩。

走出花店時，紳士看到小女孩孤單一人不太放心，便提議開車送她回家。

「叔叔，您真的願意送我回家嗎？」

「嗯，當然了！」

小女孩笑了：「那請叔叔送我去媽媽那裡好嗎？可是，我媽媽住的地方離這裡有些遠，麻煩叔叔了。」

紳士開玩笑地笑著說：「早知道就不帶你了。」

小女孩告訴了紳士怎麼走，紳士一路將車子開了過去，他沒想到的是，開車從市區大馬路出去之後，順著小女孩指路的方向來到的地方竟是墓園。

紳士看到小女孩把玫瑰花放在一座新墳前，墳墓裡躺著的是她一個月前剛過世的母親。她為了親自獻上一朵玫瑰花，之前居然準備走這麼一大段遠路。

紳士淚眼婆娑，深深地被小女孩的行為所感動，他將小女孩送回家後，返回花店取消了寄給母親的花束，同時買下一大束鮮花，開了五小時的車回到了母親家中，親自將花送給了自己的母親。

眾生都是我們的榜樣，世界就像是一面鏡子，可以照出我們最原始的模樣。而這面鏡子能幫助我們時刻檢討自己，認真看待自己。

重要的是，我們透過照鏡子，能夠擁有一顆開放的心，能夠聆聽到更多的聲音。

若是我們常常將心封閉起來，懂得再多的道理也是無用的，因為心是閉塞的，你就無法領悟真理，而真理在日常生活中最易得到。

一位得道高僧曾在禪師處參學，他是個極為聰慧伶俐的人，禪師很喜歡他，沒過多久就選他做了自己的侍者。

這天，高僧路過禪師的禪房時，忽然聽到禪師喊了自己一聲：「遠侍者！」

他連忙走進禪房，聽到禪師問他：「是什麼？」

高僧不知道禪師的意思，覺得納悶，冥思苦想，不知道禪師為什麼問這句話。

此後，高僧總能聽到禪師對他喊道「遠侍者」，他剛答應一聲，禪師就會問他：「是什麼？」

十八年之後，高僧終於有所領悟了。

某一天，高僧決定向禪師辭行，前去其他的叢林古剎進行參學。這時禪師對他說：「現在，請你回答我一個問題，如果你能回答得出，就可以走了。」

高僧說：「請禪師發問吧！」

禪師問他：「佛經上有云『光含萬象』，你可知道這句話是什麼意思？」

高僧想了想正想與禪師討論一番，禪師卻制止他說：「我看，你還是再住些日子吧。」言下之意，是覺得他的修行還不夠。

高僧便又住了三年，終於在禪師的指點下得悟大道，此後返到家鄉的寺廟住下，造福一方，這一住就是四十年，直到他八十多歲。

某天，他向徒弟辭行說：「老僧雲遊去也！」

他的徒弟吃驚地問：「師父，您已經八十歲了，還能到哪裡去雲遊呢？」

高僧笑道：「大善知識來去自由，你還……不懂。」又在禪房對眾人說：「老僧歷經四十年方才打成了一片啊。」說完便圓寂了。

所謂看得到與看不到，聽得到與聽不到，都不是三言兩語可以說清的，佛經上所言皆是真言，但要真正得悟大道，卻不是一朝一夕的修練可以辦得到的。

殊不知，眾生有多麼廣闊，萬籟聲音有多麼深遠！想要在片刻之間領悟高深的佛法真諦，尋找捷徑是不行的，一切頓悟都是從最初的聆聽開始的，聆聽的心思不靜、不沉，聽到的聲音便只能停留在表象，不能深入到我們的心裡，形成充沛的人生養分。

「大善知識來去自由」是潛藏在我們身邊的大智慧，只要心敞開了，對眾生敞開了，對萬事萬物敞開了，你能聆聽與學習的管道也就多了，不一定需要走到很遠的地方，即使坐在原地，即使每日看著窗外的樹葉與落日，也能有所體悟。

弘一大師主張觀天地生物氣象，是將他自身的體悟融會在佛經之中，我們在生活中能看到的日月更迭、四季變化都是自然規律，也是參悟佛法最初的起點。萬物都有它們的表象與內在的本質，有時就是要從簡單平凡的事物表象中，體會到其內在蘊涵的深刻道理，從而更好地把握我們面對他人的態度、行為。

通過聆聽與省悟來學習聖賢對於萬事萬物的慈心、氣度，需要達成的是一個循序漸進的過程。這個過程沒有固定的時間或期限，全看個人修行與悟性，當然我們首先要做的就是把心打開，這一點看似容易卻是最為困難。

通常，我們在接觸外界時，一開始都會覺得迷茫和困惑，覺得很難看懂周圍的人與事，事情總會在眼前表現得極為複雜，而不是簡單的狀態，這會令我們的視覺和聽覺變得遲鈍，不夠清晰。在這個階段，我們大概看不見什麼好的形態，得不到什麼好的機會，發掘不了什麼好的精神。但是，這時的功夫也要做，目的是為了培養我們的主動意識，促進大腦的活躍思維，讓思想的容納力和承載力變得更強大。等到度過了這個階段，大家的感覺就會變得敏銳許多，對身邊一切的學習也會變得水到渠成，看一眼聽一聲，可能就會有所得，這就是我們追求的自然生法的心靈通道。

當我們對萬事萬物的感覺變得敏感，變得遠勝常人，過去在頭腦中不能理解與醒悟的事物，頃刻間都會變得透徹起來。

「世事洞明皆學問」。日常生活中原本就存在著許多美妙的東西，弘一大師教導我們用心靈去聆聽、去學習，是希望我們不要太匆忙，太匆忙的人總不能學習得更深入，要知道浮於表面的學習遲早會讓你得推翻重來。

◇開悟箴言

有些東西會有缺憾，是因為我們沒有好好地去品味它，去把握它。

敞開心扉不是一件容易的事，但如果不去做，心可能永遠是封閉的，多聽聽這個世界的聲音，靜下心來去聆聽他人的話，聆聽窗外的鳥鳴、風聲、潮汐……不再總是奔著一個目標前進，卻不思考自己到底需要什麼，自己過得是否快樂。

別以為自己已經聽得夠多了，學無止境，只要你願意聆聽與學習，世上總有東西能帶給你更深的領悟與震撼。

每種生物都有其存在的意義，你不去瞭解不去傾聽，或許到死都不明白它對於你的價值。

人的聰明之處在於懂得不斷學習，具有對知識的吸收、分析、運用的能力，別對自己的這種能力妄自菲薄。

從現在開始聆聽周圍的聲音，一點也不算晚。

學習是件需要認真對待的事情，你如果欺騙世界，這個世界也會欺騙你；聆聽是件需要隨時拿起放下的事情，你如果太執著，聆聽也將變得無用起來。

不要以為將心封閉起來是很安全的，心只有在寬闊的空間中才能得到滋養，老是密閉在陰暗的角落裡，鮮活的心靈也將變得腐朽。

敬畏獨處之時，享受安靜體悟慎獨

時當喧雜，則平日所記憶者皆漫然忘去；境在清寧，則夙昔所遺忘者又恍爾現前。可見靜躁稍分，昏明頓異也。吾等凡有所作所為，起念動心，佛菩薩乃至諸鬼神等，無不盡知盡見。若時時作如是想，自不敢胡作非為。

——弘一大師

曾經有一位虔誠的女施主，每天供佛。

每天清晨，她都從自家的花園裡採擷鮮花送到寺院，供給佛祖，以表誠心。

這天，女施主把花送到了佛殿，正好遇到禪師從法堂裡走出來，禪師見到她十分欣喜，便道：「女施主每天都這麼虔誠，以鮮花供佛，根據佛家經典記載，那些經常用鮮花供佛的人，來世將會得到莊嚴相貌的福報。」

女施主聽到這話非常高興，說：「禪師，這是我應該做的，因為每當我來這裡禮佛時，能感覺到心靈像經過了一次洗滌，能得到平靜。可惜等我回到家裡，我的心就又感覺到煩亂。禪師，我是一個家庭主婦，每天過的日子很簡單，但總有許多煩心事，請您指點我，如何才能在喧囂的塵世中仍舊保持一顆清淨純潔的心呢？」

禪師不答反問，道：「女施主，你每日用鮮花供佛，對花草想必有一些深厚的認識，請問妳平日是怎麼保持花朵新鮮的呢？」

女施主回答說：「如果想保持花朵新鮮，就得每天給它們換水，還會在換水時把花梗剪掉一截。因為如果不把腐爛的花梗剪掉，花朵就無法輕易地吸收水分，那麼一來，花朵就會很容易凋謝。」

禪師點點頭笑著說：「女施主不正是明白答案嗎？如果想時常保持一顆清淨純潔的心，與鮮花要保持新鮮的道理其實是一樣的。我們所處的環境就像那瓶裡的水，而我們就是瓶子裡的花，只要每日不停地淨化我們的身心，不斷地自我反省、懺悔、檢討並改掉身上腐朽的陋習與缺點，使我們的氣質發生改變，自然就能一直吸收到大自然的食糧，保持內心的清淨與純潔。」

女施主聽後頓時感悟，道：「原來如此，答案竟在我的身邊！多謝禪師的開示，希望以後能有機會更加親近禪師，感受晨鐘暮鼓與菩提梵歌的清淨！」

禪師微笑著說：「女施主啊，你的呼吸便是梵歌，脈搏跳動就是晨鐘暮鼓，身體就是像寺宇一樣的。如若你的兩耳可成菩提，那便是無處不寧靜，無處不純潔，又何必必須在寺宇中居住生活？」

真正懂得修行的人，無論在何時何地，只要深諳慎獨之道，就能時刻掃除心中塵埃。

如果能做到這點，那便是無處不是禪，無處不是佛，無處不是清淨祥和！尤其是我們獨處時，更加需要謹慎，保持一顆寧靜的心，並且善於自省，去除心中污垢，就像剪掉花梗腐爛的部分一樣，保持內心的整潔安詳。

佛經中提倡慎獨，《中庸》裡也如此寫道：能為一者，然後能為君子，慎其獨也。《中庸》所言的慎獨，是主張君子要將「仁義禮智聖」五行統一於內心。「故君子慎其獨也」指的便是：當人們一個人獨居時，因為暫時遠離了公眾的輿論壓力，聽不到外界的批評聲音，自己內心的道德品質可能會受到挑戰，一些品性不好的人可能會偏離道德規範的約束，想平日不敢想，做平日不敢做的事情來。然而君子在獨處時，卻能更加約束自己的行為，思想也更為謹慎，是一絲不苟的作為。

《辭海》中也對慎獨有所解釋，認為一個人在獨處時，其行為也應當謹慎不苟，不要鬆懈。而《大學》中對於慎獨的解釋是「誠於中，形於外」。

中國從古至今有很多人領悟了慎獨的含義，人們對於慎獨之所以推崇是因為慎獨的境界能讓人更加精進。一個人若能做「出淤泥而不染，濯清漣而不妖」，遇到艱險之事不恐慌，處於亂世而不驚，待人以誠，德行於心，就達到了一種清淨自我的境界。

弘一大師也主張「慎獨」，其實就是主張一個人在孤獨時應多思考，多沉澱內在宇宙，從內心中不斷審視自己在環境中的處境，剖析個人與他人之間的關係，分辨是非對錯，獲悉黑白的細微差別。之所以要進行「慎獨」的修煉，是希望人們在群體生活的沉溺和喧鬧中能夠開闢一片自己的淨土，時刻保持清醒。

體會慎獨的妙處，不一定要參禪打坐，也不必吃齋念佛，更不要求是群居還是獨處。只要我們能在審視內心時，始終保持心中的「誠」，認真對待每件小事，「莫見乎隱，莫顯乎微」，勿以善小而不為，勿以惡小而為之，讓從容像流水一樣在心口靜靜存在，便是獲得了慎獨的功德。

幽獨之時心靜如水，方能體味與世無爭的好處。在歷練了慎獨之後，面對再大的困難也能從容面對，能夠找到自己人生的方向，好好地護衛住自己心中的「道」，從而使德可以順行於心，而非逆行於表。能夠抵達慎獨境界的人，不會追求時時彰顯自我的人生，他們嚮往的是波瀾不驚的生活，能夠真正領悟到「誠無垢，思無辱」的快樂。

弘一大師也是由此開示世人，雖然獨處時我們身處於大家看不到的地方，但應當謹慎檢點，應心懷戒尺，不敢怠惰。有時候幽暗的事端不知不覺在人們心中產生了，自己的心裡已顯著體察到了，這時就應該果斷地剔除它。細微的腐爛可能大家都不曾察覺，只有借助於自己內心的力量，才能阻止它越長越大。因而，法師認為君子獨處的時候更加要謹慎小心，是正確的導引，我們理應時刻關注幽獨時的內心，不要讓不正當的欲望慢慢滋長。

體會慎獨，說難不難，說簡單不簡單。我們修煉慎獨功夫的第一步，是要將自己處於孤獨之中，使自己耐得住寂寞，耐得住沉思，而不去尋找浮躁的消遣或娛樂。只有我們自己充分安靜下來了，才有可能來面對一個最完整的自己，認清自己、剖析自己、審查自己的真正意向、真實欲望。做到第一步之後，可進行第二步，便是用自我規範來實現自我約束，在安靜的情境中約束自己的思想與行為，這種約束不是為了任何外在的目的，只是為了自己的人格尊嚴、品德修養，不可摻雜半分虛偽。

多一份敬畏之心，享受安靜，慎獨能帶給我們的是可受用一生的財富。

◇開悟箴言

「獨處」最容易掩耳盜鈴，以為別人不看不聽，你就可神不知鬼不覺，就可為所欲為。

人無完人，世上沒有一個人是完美無缺的，那就需要保留一份敬畏之心，不要過於放縱自己。

任性妄為，不懂得自我審視，不是聖人之道。

聖人之道就是從根本上不做虧心事：別人不知道的，不代表可以自欺，別人不指責的，不代表你做的就是對的。

即便別人不睹不聞，你也應當把持住應有的分寸。

所謂「富貴不能淫，貧賤不能移，威武不能屈」，不要計較別人如何，先看自己是否能夠敬畏，是否能夠謹慎，是否能在獨處時也「如臨深淵，如履薄冰」。

慎獨並沒有想像中那麼難以執行，每一天我們可以給自己一點安靜，遠離喧鬧，看書或聽音樂都是體味寧靜的好辦法。或者，可以練字甚至獨坐不語。我們需要提供機會，讓自己漸漸地集中注意力到自身上。

一旦我們學會慢慢地認知自己，審讀內心，慎獨會漸漸地成為你日常生活中的尋常事。

每個人都可以練習慎獨的功夫。當一個人獨處時，也要小心謹慎，想像自己依然暴露在眾人面前，好像「十目所視，十手所指」，完全沒有隱藏，這樣會更有感悟。

如果能做到慎獨，則我們就心地光明，任何時候都可直道而行。

方生方死，跟隨萬物規律

動若不止，止水皆化波濤；靜而不擾，波濤悉為止水。水相如此，心境亦然。

——弘一大師

佛陀曾居住在舍衛城的祇陀園精舍，講述了卡利雅尼公主的故事。

卡利雅尼公主是憍曇彌夫人的兒媳婦，容貌十分漂亮，所以大家送給她一個稱呼露芭難陀。公主長大後嫁給了佛陀的異母弟弟難陀，可是就在結婚當天，她的丈夫拋棄了榮華富貴，跟隨佛陀出家了。

卡利雅尼的大哥原本將成為世界的統治者，卻出家了，他的兒子羅侯羅也出家了。現在卡利雅尼的丈夫難陀也出家了，而她的婆婆憍曇彌夫人早就是出家人，只剩下她孤身一人。她並不想追隨佛陀出家，但是為了消除自己的孤單和寂寞，她也到東園普巴精舍，向長老尼大愛道要求讓自己出家。

露芭難陀出家後，從其他比丘尼口中得知了佛陀經常教導給他們五蘊的無常、苦與空性。但她一直自恃美貌，認為佛陀見到她恐怕也難免要稱讚她的美貌，所以經常回避佛陀，不與他見面。

這一日，其他比丘尼從祇陀園回來，都對佛陀滿心稱讚，露芭難陀聽了之後，決定與其他比丘尼一起去祇陀園參見他。

佛陀見到露芭難陀，就感覺到她對自己美貌的過於執著，心想露芭難陀現在非常執著於自己的美貌，並以此而驕傲，如果她不能摒棄這樣的驕傲，可能無法悟道。一根刺需要用另一根刺來剔除，佛陀便決定運用神通，透過美色來消除她身上的傲慢與自大。

佛陀是如何做的呢？

他先變化出一位年約十五六歲的美貌少女，少女坐在他身邊給他搧風，但只有佛陀和露芭難陀才看得見這個少女。當露芭難陀看到這位美貌年輕的少女時，赫然發現自己與她相比簡直宛如一隻醜陋的烏鴉，少女在她面前好像一隻美麗的天鵝，心裡既嫉妒又羨慕。她繼續看她，不一會兒驚奇地發現，這位少女好像一瞬間長大了，現在已有二十多歲；等她過了一會兒再看佛陀身邊的少女，發現少女又長大了許多，轉眼從一位曼妙的少女成長為大人，接著變化為了中年，又從中年變成了老年……等她再看，發覺少女已經成了一名枯槁的老婆婆，美麗的容貌已然不在了。

露芭難陀驟然發覺，當自己看到新的幻象時，舊的幻象就從眼前消失。少女從年輕到年老，她的肉體在不停地轉變並且走向腐化，這一幕幕讓她有所覺悟。此時，露芭難陀對容貌的執著，對肉體的執著開始了削減。

這時，佛陀身邊的少女已然年邁衰弱，跟著她再也不能控制自己身體的功能，身體腐化，最後死了，然後腐敗的身體開始腫脹，出現了骯髒的濃汁，引來了蒼蠅，甚至引來了烏鴉與禿鷹啄食屍體。

這一切讓露芭難陀頓時領悟了，對佛陀道：「少女無論過去多美麗，最後也將變得又老又醜，化為腐朽的屍體。同樣的，我的身體將來也會變得又老又醜，最後我也會死去……生死是人不可能改變的事情，方生方死，都是規律，我又何必執著於現在的美貌。」就這樣，她突然覺悟於五蘊的真如性了，還當下證得了初果。

對此，佛陀以一段偈子為露芭難陀開示：此城骨所建，塗以血與肉，儲藏老與死，及慢並虛偽。

沒有人能擺脫由生到死，由盛而衰的自然規律，能夠平靜地看待生死，以平常心看待萬物運轉規律的人，距離洞察真諦真理，距離悟境就更進了一層。

很多人禮佛學禪，就是為了達到「悟境」的境界。因為只有如此，人們才能洞察宇宙，懂得人生真諦，得到更多的知識，取得更大的成就。沒有「悟境」的人，以世俗的眼光看待這花花世界，仍舊會困惑不解，仍舊會陷入各種煩惱中不知如何解脫。

曾有一位僧人在佛堂裡念誦《法華經》，當他讀到「諸法本寂滅」時，好奇心被引發，求知欲被引發，開始日夜參究這句話的意思。

某一日，僧人來到溪邊挑水，忽然聽見了樹上的黃鶯在鳴叫，一時間豁然開朗了，頓悟了這句話的意思，並寫下了一首偈子：諸法從本來，皆自寂滅相，春至百花開，黃花啼柳下。

這首偈子的意思是說，大自然固然是變幻莫測難以捉摸的，但仍然具有一定的規律，例如春天時百花盛開，而花開鶯啼。正如春天過後才是夏季，夏季之後迎來秋季的規律一樣，萬物都有它自身生生滅滅的規律，這秩序是不會變的，也不以人的意志為轉移。另外，花有開有落，黃鶯有啼有止，這也是它們自生自滅的規律，不容更改。

違背萬物規律行事思考的人，是不能獲得真理與知識的。

有這麼一個故事，說的是寺廟裡有個小和尚，負責每天早上清掃寺廟院子裡的落葉，因為落葉很多，他每天都要花費很多時間，尤其是在秋冬時期，落葉更是多得讓小和尚萬分頭痛。他掃落葉很是勞累，便整日思考，希望能找到一個辦法可以讓自己輕鬆些。

這件事不久之後被住持知道了，住持把他喊去，問他是不是覺得苦惱，小和尚很老實，就把心裡的想法對住持說了。

住持想了想告訴他說：「你可以在明天打掃之前先用力搖樹，讓落葉統統落下來，這樣一來，你後天就不用掃落葉了。」

小和尚聽了覺得有理，到了第二天早上，起了個大早跑到後院，使勁地搖樹，期望能將樹上的落葉都搖下來，這樣他就可以把今天跟明天的落葉全部掃乾淨，明天可以輕鬆一天。他高高興興地掃乾淨了這些落葉，回去吃飯打坐了。

然而到了第二天，小和尚到院子裡一看就傻了眼，怎麼昨天搖了那麼多落葉，今天還是照樣的落葉滿地呢？

住持這時告訴小和尚：「我之所以給你出這個主意，就是要讓你明白：無論你今天怎麼用力搖落葉，打掃乾淨，明天的落葉還是會飄下來的。」

小和尚這時才明白，原來這世上有很多事是無法提前做的，明日總有明日要做之事，誰也不能求得一勞永逸，因為這是事物發展的規律。或許有的人有小聰明，會把樹葉全都給摘下來，但那樣做不是會破壞樹葉本來的生長規律麼？你可以這樣想，但不能這樣做。

弘一大師看待萬物便是先從生死輪迴，從自然規律開始的，有些道理便是從這些規律之中悟出來的，凡事有因有果，有起源有泯滅。世間的所有現象也都生於因緣，在遵循它自身的發展次序與規律之中，與其他人或物發生因緣。如果我們對任何現象都不深究規律，不研究它們發生的源頭，就會發現除了因緣的條件使其發生之外，尋覓不到實實在在可以導致它發生的東西。

佛法所說的因緣所生之法，究竟而無實體，這就是所謂的「空」。萬物一切因緣生，一切因緣滅……因緣又何嘗不是一種不可言說的微妙規律呢？這世上的所有事物都脫離不了這一個完整的「圈」。

愚蠢的人會脫離規律辦事做人，聰明善悟的人則不會，他們所掌握的知識、道理會幫助他們認識規律，遵從規律，利用規律，由此得到更多的體悟，對人生有更好的把握和展望。

◇開悟箴言

人生最愚蠢的行為是常常自以為是，只按照自己的想法來做事。

正如幸福不能預知，煩惱也是不可預知的，人要獲得幸福或消除煩惱，不能太過強求，殊不知明日的煩惱明日才知，今日的幸福只在今日。

過於期望明天發生的事情帶給你好的進展，是種妄念，你不如先做好今天的事。

人的一生由很多天組成，每一天都有我們每一天的人生功課要做，每天都應該努力，而不是單單指望將來。

不要試圖違背自然規律，「人定勝天」是大言不慚的觀點，只在有限範圍內才可實現。

生老病死是每個人都要經歷的，有時候將生死看淡一些，反而能獲得更健康更堅韌的心靈。

讀書為佳，努力精進勿懈怠

為善最樂，讀書便佳。

——弘一大師

佛陀曾居住在舍衛城的祇陀園精舍，在某次開示會上提到了巴陀尊者的故事。

一次，巴陀尊者要進行夏安居，在此之前他向佛陀求得了禪定修行法門，隨即帶著一大群年輕的比丘去了樹林裡修行。到了樹林以後，巴陀尊者教導這些年輕的比丘每日努力學習，要時刻注意自己內心的變化與發展。吩咐好這些事情後，他自己卻躺下來沉入了夢鄉。年輕的比丘們在第一夜修學禪定，到了中夜才準備睡覺，這時巴陀尊者卻把他們叫醒了，訓導他們說：「你們修行，應當繼續努力不要懈怠，怎麼能如此懶惰呢？」

中夜之後，等年輕的比丘們修學到了下半夜，準備睡覺時，巴陀尊者卻又把他們叫醒。巴陀尊者的行為，使得這群年輕的比丘無法安穩睡覺，因此也不能專心地修學禪定了，連誦念經典也變得無精打采。這天，年輕的比丘們決定也去看一看巴陀尊者，想知道他是否像平日所表現的那樣認真勤奮地進行修學禪定。但是，他們卻發現巴陀尊者並沒有熱忱地進行修行，而是把時間大多花在了睡覺上，他自己做不到的事情還強行要求他們做到，比丘們都表現出了極大的憤慨，相互埋怨地說：「同修們，怎麼會有這樣的事情！我們的導師只會訓斥我們不努力修行，但是他自己卻只知道睡覺而無所事事！」

這群年輕的比丘沒有辦法，一個個都睡眠不足，在修學禪定的時候變得非常地勞累、疲憊，這使得他們沒有一個人在修學禪定方面有所得。

夏安居就這麼結束了，巴陀尊者帶著他們回到了祇陀園。

佛陀看了他們，就問：「年輕的比丘啊，你們可曾懈怠放逸自己！你們花費了這麼長的時間，是否在禪定上努力精進了呀？」

年輕的比丘們苦惱不已，忍不住向佛陀講述了巴陀尊者的種種不自律行為。

佛陀便在開示會上責備了巴陀尊者，認為他的行為是非常不當的，對眾比丘這樣說道：「比丘們！這世上，倘若一個人想要訓導他人，就得先克服自己的懶惰、懈怠！只有克服了自己的懶惰和懈怠，才有資格和能力去訓導他人。」

最後，佛陀為眾比丘說出了一段偈子：「若欲誨他者，應如己所行，自製乃制他，克己實最難。」

任何人，即便是已經在修學禪定上有所收穫，都應當時刻努力精進，保持學習的熱忱，而不可懈怠、懶惰！

因為沒有誰得到一時的進展就能取得一世的成就，學習是永無止境的過程，不管我們現在所處在哪個階段，修行與學習都是日日要進行的事情，一日的懈怠都是對自己的欺罔，都是修行上的後退。

同樣的，禮佛與其他事物的學習都是這般道理，要提高自己的修為，一方面要善於讀書，懂得選擇對自己有所幫助的書籍，在平時也應當堅持學習，改變「三日打魚，兩日曬網」的陋習。

弘一大師認為，讀書是一件很好的事。這種好處不僅僅表現在增進了我們的知識方面，也表現在通過認真的讀書過程，可以讓自己的心沉澱下來，體會遨遊在知識宇宙中的快樂。當然，不是所有人都知道如何讀書的，讀書的方法和態度理應端正，這是對自己的負責，也是對做知識的前輩們的尊重。尤其對於修學禪定之人而言，誦讀佛家經典是每日功課，目的是修心，而並非機械式地重複枯燥的誦讀。

每個人都可以誦讀經典，不一定非要在寺廟的佛堂裡，貴在誠心誠意，並用心去體會經典中有益的人生真諦。

不讀書的人，他的生命將會荒蕪，宛如沙漠。而知道讀書卻不能堅持的人，他的人生就不足，往往會停滯不前。其實說得簡單一些，讀書是為了保持一顆向上的精進之心，培養的是一種堅持努力的高尚品德，這種品德會令人一輩子享用不盡，在任何領域都是大有益處的。法師在未出家之前就是一位勤奮的學者，對於學問，對於自己的學生，他都一直秉持這種難能可貴的品德，因而才能在後來獲得更高的成就，做出更大的學問。因為他已經將汲取知識變為了一種身體與大腦的本能，這樣對於他的修學禪定自然也是大有裨益的。

有的人，可以達到讀書百遍其義自見的境界，這是因為他已經由淺入深地將書讀透徹了，積沙成塔，滴水成河，才能由少積多，才能從普通的人修行為得道高僧。法師常常被人們稱讚是智者，也不是一月兩月就達成的頓悟，而是經歷了每日不懈的學習，才積累了豐富的經驗。所以我們應該明白，凡事都有一個積少成多的自然過程，做任何事也是如此，若不能堅持，不能保持幹勁，那麼再有慧根的人也可能止步不前。

想要有所成就，就先從每日的學習開始做起吧！經驗是建立在不斷實踐的基礎上的，淵博的知識是來自於每日學習、再學習的累積，這要做起來都不是什麼容易的事情。但我們卻不能因為不容易，就放棄了自己追尋的目標。

弘一大師尚且每日誦讀經典毫不鬆懈，我們又當如何？

◇開悟箴言

有人常拿沒有時間做藉口，那麼每日讀書十分鐘，哪怕是茶餘飯後的五分鐘，這點時間您也沒有嗎？

試著每年讀十本書，做十篇閱讀筆記，對身邊的人說一說書裡的故事。

給自己定時間表，每日的學習和修習就會變得有規律起來，當你一個月後來看現在的自己，會發現自己在不知不覺中進步了。這時的你會比以前快樂！

多讀書能讓人們的心胸更為開闊，眼光更為遼遠，不要僅僅只讀一種書，博覽群書才是最好的選擇。

好好修習，天天向上，還能讓你順緣具足！

有知識就有力量，有力量就有動力，有動力就有辦法，有辦法就有進步，有進步就有所悟，有所悟就有佛力，有佛力就沒有了障礙！

人不是活在過去，也不是活在未來，所以當下的學習最為重要。

把握當下是一種認真的生活態度，做好當下，在當下努力學習，未來才有了可能，生命才具有了真正的現實意義。

學習不可本末倒置，先器識後文藝

廣州香山書院楹聯云：諸君到此何為？豈徒學問文章，擅一藝微長，便算讀書種子？在我所求亦恕，不過子臣弟友，盡五倫本分，共成名教中人！

——弘一大師

元末有位畫家名為倪雲林，學問很高，但品德不值得恭維。他在當時名氣很大，是大名士，自負品格高潔，對於庸俗之人最為瞧不起。他的脾氣也不好，凡是遇上自己看不上眼的人，不僅不以禮相待，還白眼相向。然而能被他看得上眼的人，壓根兒沒有幾個。

後來，出了一位造反英雄張士誠，他有個兄弟叫張士信，對於倪雲林的畫十分仰慕，便千里迢迢派人送來了絹和金銀，想請他給自己畫一幅畫。

倪雲林聽了，頓時氣沖沖地說：「我一生潔身自好，如何能做王門畫師？！」說完，就當場撕裂了張士信送來的禮物。

張士信聽聞了這件事，覺得大丟面子，從此對倪雲林懷恨在心。

其後的某一日，張士信與一群文人雅士在太湖上遊湖，遊著遊著，忽然聞到從另外一條小船上傳來了一股香味，就點頭說道：「我看這條船上，必定是有高人雅士。」便命人靠過去看一看，結果發現竟然是倪雲林。

張士信頓時大為掃興，氣不過，私下叫僕人把倪雲林抓過來打了一頓。倪雲林被打得皮開肉綻，卻始終忍住一聲不吭。

張士信就覺得奇怪，還以為他是條漢子，就問：「難道你不痛嗎？怎麼叫也不叫一聲。」

倪雲林憋著氣告訴他：「一出聲，不就俗了？！」

張士信一時無語，隨後哈哈大笑。

張士信固然是個行為霸道的莽夫，或許不懂得欣賞書畫，但倪雲林會得罪他，又何嘗不是自己找來的痛苦。畢竟先前是張士信以禮求畫，禮數周全，倪雲林不想畫可以拒絕，只要將來人好言好語打發回去即可。但他的回絕太過無禮，怎能怪別人懷恨在心呢？

倪雲林有學問有才華，卻過於傲慢無禮，說明他的涵養還不夠。儘管他的傲慢心理源於自己出眾的畫藝，但在為人處世上顯然還是缺少過人的智慧。

佛家認為，眾生皆是平等，中國俗語還有所謂「行行出狀元」，因此人們在對待他人時不該戴著有色眼鏡。哪怕你是這一行的狀元，也沒有資格瞧不起其他行業的人。只要大家都是奉公守法的人，憑藉自己的辛苦勞動吃飯，又有什麼高低貴賤之分呢？

此人講究了學問卻不注重品德修養，不修心，以至於讓學問變成了束縛。

北宋的文豪黃庭堅也是個大才子，年輕時就以高人一等的詩才名動江南，聲名遠播。他還精通音律，所以創作出長短句、樂府詞，唱起來也十分好聽，在大江南北被廣為傳唱。黃庭堅的詞風偏於華麗嬌柔，因此也十分受到女子的喜愛。

有一次他來到廬山，遊山玩水之際順便到圓通寺去拜見了住持禪師。

禪師為人正直而嚴厲，看起來一絲不苟，他見到黃庭堅並沒有覺得榮幸，而是毫不客氣地喝斥他道：「汝為大丈夫否？大丈夫如有滿腹翰墨，就當妙筆生花，寫一些對天下蒼生有益處的文章，怎麼老是寫一些風花雪月之詞呢？此等雕蟲小技，難道不是在浪費時光嗎？」

黃庭堅聽了非常不服氣，自認為成名絕技自然有可取之處，如何能被這樣貶低。

禪師便開示他道：「當年李伯時畫馬成癡，技藝達到了無人可及的境地。他天天臆想自己就是一匹馬，才能將馬的習性模仿得惟妙惟肖，從而完全呈現在筆端。最終，他整個人就與馬越來越相近了。那麼，你呢？」

話外之音是說，黃庭堅如果繼續沉浸於過去的淫詞豔句，他的性情和品德必定將受到不良影響，如此下去是不可能有所進步的。

黃庭堅這時有些羞慚，但依然不服氣，道：「禪師莫不是也想將我放在馬肚子裡吧？」

禪師頓時正色道：「你如今常常用淫詞豔句宣揚世人的淫穢之心浪蕩之行，長此以往豈不會敗壞風氣？若還不改過，將來豈只是要進那驢胎馬腹，恐怕是要墮下十八層地獄的！」

黃庭堅這下才恍然醒悟，禁不住懺悔起來：「弟子知錯了，今日多謝禪師提醒！從此以後，弟子再也不敢寫那樣的文字了！」

離開了廬山之後，黃庭堅當真痛定思痛，不再流連於犬馬聲色場所，而是如僧人一樣修行禪定，開始學佛。不久之後，他的詞風大有改變，變得豪邁大氣、含蓄雋永起來，所觀所聞已不能與往日同日而語。

可見一個人的品性變了，連他的文字也會發生翻天覆地的變化。我們要做好學問，真正成為一個有學識、對社會有益的人，應當先學會做人，從修養自己的品性開始。

弘一大師就是將這個道理貫徹到底的一個人，主張「先器識後文藝」，他對於廣州香山書院楹聯十分推崇，也正是因為這副對聯說出了如此淺顯而正確的道理：諸位君子到此是為了何事？豈非只是求學問、寫寫文章，學會一種技藝，博得一項微小的專長，就以為自己是個讀聖賢書的種子了嗎？但在我所求，不過只是恕道而已，是學習子孝臣忠、弟悌友信的品德，學到恪守五倫的本分，從而共同獲得成就而成為名教中的賢人的過程。

這也就是說明，學習應當到「先器識而後文藝」，如果一個人沒有建立起倫理道德的基礎，從不知道禮義廉恥為何物，性情浮躁，脾氣乖張，待人無禮，那麼他學得越多越會滋長浮華與傲慢。這樣的人，為人就將與他的學問背道而馳，所學的不能利於自己和他人，更談不上利於社會國家，那麼學問再高又有什麼用呢？

這也是為什麼，世人並不奇怪每個人都在學習的道路上無法精益求精，因為每個人資質不同，努力的程度不同，更重要的是他們的品德修養不同，學以致用的程度也就有了差異。過去常有人想知道世間有沒有學問最高的人，如果沒有，那麼佛陀會是嗎？

其實，佛陀也不是。但人的品德卻是可以達到至高至真的境界，這樣的人所擁有的學問已然就是令常人望塵莫及了，被稱為聖人。為什麼呢？因為他們能用自己極高的品德修養去教導他人，讓更多的人領悟知識的奧妙，懂得做人的道理，這便是成就了無量大功德！

◇開悟箴言

先做人後讀書，讀的書再多若是不懂得做人的道理，那便是本末倒置，白讀了許多書。良好的習慣可以幫助我們形成優良的品德，而培養良好的習慣要從小開始，從身邊的小事開始做起。

做人比做藝術更難，做人比做藝術更重要、更為根本。藝術做得再好，在做人上失敗，整個人生也依然是失敗的。

人生需有藝術，而人需有人生而後有藝術，所以最藝術之藝術，是你的人生。人在讀書和有藝術之處，應將美育視為人類精神自我完成的重要一端。

只要在修養和品德上達到了優良的境界，學習就變得容易起來，因為學習時所需要的堅韌、開拓與持之以恆，已經被你所擁有了。

聖賢絕無標新立異，世間法中覺悟於心

聖賢絕無標新立異，外表生活與凡夫並無不同，所不同者，存心而已。在世間法中覺悟，即是佛法。

——弘一大師

有這樣一個年輕人，他屢屢失意，意志消沉。

某天，年輕人千里迢迢到一座寺廟拜見一位老僧，希望得到開示。他對老僧說：「我覺得自己的人生實在太不如意了，這樣毫無成就地活著，有什麼意義呢？」隨後還絮絮叨叨發了不少牢騷。

老僧一直安靜地聽著年輕人說話，等他嘆息完了什麼也沒告誡他，而是吩咐小和尚說：「這位施主遠道而來，你去拿一壺溫開水送過來吧。」

小和尚不久之後送上了一壺溫開水，老僧隨即抓了一些茶葉放進一隻杯子，然後用溫開水沏了茶，微笑地將這杯茶遞給了年輕人。

看著茶杯裡冒出的微微蒸汽，茶葉漂浮在上面卻沒有張開，年輕人疑惑地問：「貴寺怎麼用溫熱的水沏茶？」

老僧只是笑，沒有說出原因。

年輕人飲下一口茶，感嘆一聲說：「這樣喝著，一點茶香也感覺不出來。」

老僧告訴他：「施主，這可是名茶鐵觀音啊，怎麼會不香？」

年輕人再次品嘗了一口茶，肯定地對老僧說：「老師父，我真的沒有喝出來茶香。」

老僧微微一笑，吩咐小和尚說：「你再去燒一壺沸水送過來吧。」

小和尚不久之後將一壺剛燒開的沸水送了進來。這時老僧又拿起一個杯子，放進一些茶葉，用沸水沏茶，把茶杯放在年輕人面前。

這一回，年輕人看到了茶杯裡的茶葉沉沉浮浮，一下子就聞到了清香，覺得清香撲鼻，急不可待想喝上一口。

年輕人便想端起茶杯，不料老僧卻作勢擋開了他，再次倒入一些沸水在茶杯裡，這下茶葉在水裡翻滾得更厲害了，茶香更加濃鬱，不斷升騰，讓整個禪房都充滿了香味。

老僧前後一共倒入了五次沸水，使得茶杯終於滿了，即將溢出來。年輕人看著這一杯慢慢散發著茶香的茶水，吹了吹喝上一口，只覺得沁人心脾。

老僧笑著問他：「施主，同樣是鐵觀音，為什麼這兩杯茶的茶味差異會如此之大呢？」

年輕人沉思了片刻說：「因為一杯用的是溫水，一杯用的是沸水，老師父所用的水不同，茶味自然也不同了。」

老僧點點頭說：「的確如此，因為沏入的水不同，茶葉在水裡的沉浮也就不一樣。茶味散發的程度也不同。方才我用溫水沏茶，茶葉只輕輕浮在水上，也並未泡開，當然不會有清香。但用沸水反覆幾次地沏茶，茶葉也不斷地沉沉浮浮，徹底泡開了，自然也就釋放出了它該有的茶味與風韻。這樣的茶能讓你感受到四季的變化與美麗，品入心中就像是在品味人生，過後還會覺得口留餘香。其實，世間眾生生存於世的道理，與沏茶是相同的。沏茶時如果水的溫度不夠高，那麼就無法沏出具有濃鬱香味的茶水。世人做事，如果自身的能力不足，修行不夠，那想要事事順心順意自然不容易。施主如果想要在所從事的事情上有進展，還得苦練內功，努力提高自己的能力，而不是怨天尤人，或是羨慕佛祖羨慕他人。」

年輕人頓時領悟，帶著重新整理好的內心下山去了。

聖賢之所以是聖賢，不是因為他們具有多大的法力和佛力，而是因為他們的內心足夠強大和豐盛，能夠從心開始，不斷加深自身的修行，提高自身的能力。而對於普通人來說，如果想要提高自己，讓自己獲得更好的際遇與未來，關鍵也在於讓自己進步，而不是簡單模仿與學習榜樣，殊不知聖賢之道並非是標新立異、求異棄同，而是在平凡之中不斷地孕育能量，使自己日日有精進。

世上想要成佛的人不少，但不是每個誠心向佛的人都能成佛的，知道這是為什麼嗎？

曾有一位名為道一的小和尚，他十二歲時到南嶽衡山出家，拜了懷讓禪師為師父，開始進行修行。

這天，懷讓禪師發現道一整天都沒做別的事情，而是安靜地坐在那裡參禪，神情有些呆愣，覺得有些意思，就問他：「道一，你整天坐禪，為的是什麼？」

道一認真地回答說：「師父，我想要成佛。」

懷讓禪師笑了笑，並沒有阻止他的行為，而是拿起地上的一塊磚，在石頭上一下下地磨了起來。

道一聽著師父磨磚的聲音，覺得很吵，變得不能入定，就問懷讓禪師：「師父，您為什麼要磨磚呢？」

懷讓禪師微微一笑道：「我啊，這是要磨磚做鏡子。」

道一聽了驚訝極了，問：「師父，磚磨得再好，也做不成鏡子呀！」

懷讓禪師神色狐疑地望著他，道：「你既然說磨磚不可能做鏡子，那麼你在這裡坐禪又怎麼能成佛呢？」

道一頓時有所感悟，問他：「師父，那要怎麼樣我才能成佛呢？」

懷讓禪師慢慢引導他道：「道一，師父問你，要是有人開車卻發覺車子不走了，這時你是打車還是打人呢？」

道一陡然被問得沉默了，不知如何回答。

懷讓禪師耐心地勸誡他道：「道一，你應知道的是，自己是在學坐禪，還是在學坐佛？如果你想學坐禪，須知禪並不在於坐臥。如果你想學坐佛，須知佛並沒有一定的具體形狀。對於那些變化不定的事物，我們是不應該有所取捨的。你如今這樣學坐佛，其實是扼殺了佛，要是你繼續執著於坐相這表面功夫，那就是與佛道背道而馳。」

道一從懷讓禪師的這番教誨中獲得了醒悟，醍醐灌頂，從此不再執著於坐臥，而是關注於自身的修心。

可見，成不成佛不在於你的坐臥，而在於你的心是否接近了佛，如果心不到位，即便坐著參禪的時間再久，你一樣還是距離成佛遙遙無期。

同樣的道理，弘一大師用淺顯的語言記錄了下來，他認為，聖賢是沒有標新立異的作為的，他們的外表生活與普通人也並無什麼不同，有所不同的，都在心裡。人們能在世間法中覺悟的，那便是佛法。

我們學習任何知識，也都是這個道理。

無論學技藝，學藝術，或學習其他任何的學問，無論是向書本學，還是向老師與同仁學，其實都是「非法非非法」。也就是說，書本、老師、他人都只能對我們起到引導的作用，而不是能讓我們即學即用，我們要將學習的知識變成可以隨意驅使的工具，還需要經由內心的消化、吸收、體悟、理解……因此我們不必要去迷信名校，不必要迷信最大權威，即便這些都已經是世上最頂級的，我們也不一定能夠即用即靈，可能到頭來仍舊徘徊在門口。對於知識，如果想要精通，還是需要用心來體悟。

因此，世人不要迷信聖賢，因為聖賢也並不是一種真實存在，不可能載著你抵達成功的彼岸。想要無限接近聖賢之道，能夠依靠的還是我們自己。

◇開悟箴言

佛法不是萬能的渡船，因為它本身不是一種具體的存在，沒有具體形態，不可能讓修行者到達佛境。所以，不要以為一旦修行了佛法就可能抵達佛境。

領悟聖賢之道時，我們對於佛法可以講也可以不講，可以講定法也可以講不定法，關鍵在於你從事的修行是否能對自身起到引導的作用。

在平日學習時，佛法可以學也可以不學，可以當定法學也可以當不定法學，這些都不重要。關鍵的是，你是否經由所學習的經典受到了引導。只要能帶領自己進入悟境的，那便是好的，是值得你珍惜的寶貴學問。

有時候開悟是很偶然的事情，隨緣比執著以求更容易抵達「獲得」的境地，因此我們在平日不必太過刻意去追求一些既定的東西，只要做好每一天，努力學習，該領悟的時候自然就能開悟了。不能開悟，沒達到期望的那一點，是因為修行還不夠，能力還不到。

最好的學問是彼之感我，得到人心

茅鹿門云：「人生在世，多行救濟事，則彼之感我，中懷傾倒，浸入肝脾。何幸而得人心如此哉！」

——弘一大師

這是一個很久遠的故事，在一個偏遠的山村裡，有一位雕刻師傅很有名。雕刻師傅在雕刻上的技巧不錯，一傳十，十傳百，附近就有許多人來找他雕刻物件。某日，一座村莊的寺廟也聽聞了他的名聲，派僧人來邀請他為寺廟雕刻一尊「菩薩像」。

雕刻師傅不是很想去，因為要從這裡到達那座村莊，途中得越過山頭與森林，而這座山上傳說有鬼：曾經有些想翻山過去的人，如果一旦在夜晚還沒有出山，就會遇見一個極為恐怖的女鬼，從而丟了性命。因此，雕刻師傅的親人朋友都勸阻他不要去，認為這件事實在危險。若真要去，也不要在夜晚啟程，而要等到隔天天亮時再出發為好。

但是，雕刻師傅是個老實人，他唯恐自己太晚動身會耽誤了行程，誤了和僧人約定的時間，想了想還是感謝了大家的好意，決定立刻就啟程去翻山。

他走了一會兒天就黑了，看到了頭頂的月亮、星星，夜月十分幽暗。不久，趕路的雕刻師傅突然看到前面有一個陌生女子坐在路邊，神態十分可憐，她的草鞋破了，面容還有些疲倦，看起來相當狼狽。雕刻師傅心地善良，就停下來問這位女子道：「姑娘，你怎麼會一個人在這裡？需不需要幫忙呢？」

女子告訴他：「老人家，我要翻過這座山頭去看我病重的母親，可是我走不動了。」雕刻師傅覺得她可憐，便好心背她一程。

銀白的月光下，師傅背著女子走了許久，累得汗流浹背，不得不停下來休息。

這時女子問師傅道：「老人家，你難道不怕我就是那傳說中的女鬼嗎？你為什麼不自己趕快往前走，卻還要背著我上路？」

「對，我是要趕路！」雕刻師傅回答說：「但是要是我真的把你一個人留在這裡，若是你碰到了危險怎麼是好？我背著你一起雖然是有些累，但總算你我有個照應，有危險還可以互相幫忙哪！」

休息了一會兒，雕刻師傅發現身旁有塊大木頭，材料不錯，便一時心動，用隨身攜帶的雕刻工具，照著這女子的容貌，快速地雕刻起來。

女子覺得奇怪，就問他：「師傅你在刻什麼呢？」

雕刻師傅興致勃勃地回答說：「哦，我在雕刻菩薩像，因為覺得你的容貌溫柔慈祥，和菩薩有幾分相像，所以準備就依照你的容貌來雕刻這尊菩薩好了！」

安靜坐著的女子一聽到此話，突然感動得淚如雨下，因為她就是那個被人們認為恐怖的殺人女鬼。在數年之前，她一個人帶著女兒要翻越山頭，卻不幸地遇上強盜，因為沒有人幫忙，她根本無力抵抗，不僅被這些強盜姦汙了，她的女兒也被殺死。悲痛欲絕的女子便縱身跳下了山崖，成為世上一抹可憐的厲鬼，一直在夜間埋伏在這裡，要奪取過路人性命，如此才能消滅她心中的怨恨。

滿心仇恨的她怎麼也沒想到，這位雕刻師傅竟說她的容貌慈祥得像菩薩，一時間百感交集，受到點化，突然化做一道光芒就此消失了。

雕刻師傅在第二天順利到達了寺廟，大家都驚訝於他還活著。並且從那天後，再也沒有人在晚上翻山時遇見傳說中的索命女鬼了。

在這個世界上，眾生本性良善，沒有人會希望被人怨恨、謀害，自己內心的罪惡往往是因為曾經遭受過罪惡的待遇所造成的。世上也沒有人不希望自己被眾人接納，有時只要一點點的良善之心，我們就可以拯救一個靈魂。

故事裡的女鬼對世界充滿了無比的仇恨，但她也在心底希望被別人接納，被別人幫助，更何況是我們這樣的普通人呢？

當我們遭遇劫難和阻礙，如果沒有別人的幫助，我們大概也會像這位女子一樣對世界充滿了絕望，只留下無盡的仇恨。

明白了這個道理，我們為何不能像這位雕刻師傅一般，拿出友善的心去誠心接納別人？

誠然，這種接納並不容易，我們需要克服自身的恐懼和懷疑，以平常心去對待陌生人。因而這種接納也是對我們自身的一種考驗，不能僅是口頭上的接納，而是要用實際行動來證明自己願意幫助他人。

弘一大師便是這方面的榜樣，他在出家前後也一直如此要求自己，主張在人的一生中，大家應該儘量多地去幫助他人，這樣我們能夠在別人的感激中體現自我，這是無上榮光的事情。

當我們幫助他人時，他們心有所感，會對我們投以感激的目光，自然就會感受到「中懷傾倒，浸入肝脾」的心得。這是因為別人能從我們的身上看到良善，發現天理，獲得關愛，他們心中也就充滿了感激與仁愛。當被幫助的人感謝我們時，他們感受到了快樂，我們感受到了榮光，這何嘗不是我們與他們共同的功德。

幫助他人是一件自然的事，不需要刻意為之，只要你心中存有良善助人之心，有時候無形之中就會對他人佈施。對於他人而言，這樣沒有功利的幫助更加令人受益。

世間的許多人一輩子辛辛苦苦求名求利，不過是為了過上好日子，更希望好日子過得比別人長久一些。但這些追求，始終比不上順應天意幫扶他人更加長久。用這樣的方法得到人心，你自己的修行也就達到了一個更高的高度，因為你從救濟他人的行為中得到了更多領悟，心靈也更加充沛而豐富。

人心不是巧取豪奪來的，世人總能分辨這一點。

◇開悟箴言

幫助他人不是為了回報，而是為了讓自己的心更舒暢。

不是所有人都忘恩負義的，這世上大多數人還是本性善良，只要我們內心善良，看待他人也就多了一分寬容。

小事上的幫助也是可以感動人心的，「勿以善小而不為」，我們只要多做自然就多領悟。

旁人怎麼做暫且拋開不管，你要不要救濟世人是你自己的事，但不要為了名譽而行使救濟。

人心最柔軟也最為堅硬，要得到人心，首先要做的是克己而非責備他人。

人生在世時日無多，多做一份救濟是多求一份心安，是積累自己的福緣和善念。

最高的快樂是行善助人，贈幸福予人

為善最樂！

——弘一大師

這是一個發生在北宋初年的故事。

曹彬將軍曾率軍攻打南唐，手染鮮血，卻能做到不妄殺一人，實屬難得。他是一個擁有仁愛之心的儒帥，他的許多故事都在佛教與道教中廣為流傳，讓世人相信好人會有好報，好人會有福緣。

有段時間，曹彬率兵圍攻金陵長達半年多的時間。期間他的軍隊佔領了秦淮河、白鷺洲、西門水寨，只剩下金陵。但就是在這個緊要關頭，曹彬突然生病了。

曹彬怎麼會生病了呢？他身邊的人都十分著急，尤其是副將潘美、先鋒曹翰。他們前來探病，希望能找個名醫給他治病。

曹彬卻對他們擺擺手說：「不必如此。我這患的是心病，大夫想必醫治不好，但是你們卻能治得好！」

大家疑惑不解，問：「那我們該做些什麼，才能治好您的心病呢？」

曹彬思慮片刻道：「辦法只有一個，說起來容易做起來難，那就是我希望軍隊打進金陵城的時候，你們和下屬將士們都不得濫殺無辜，更不得姦淫擄掠！敢問，大家能不能做到啊？」

副將和先鋒都回答說：「將軍放心便是！」

曹彬卻很擔憂，道：「你們可不能只是嘴上說說而已，一旦攻城，一定要發誓遵從命令，如此我才能夠放心。」於是，將士們不得不一起發誓，說絕對不會在金陵城內做此等事情。

這時曹彬下令攻城了。他之所以要大家發誓後才開始攻城，是因為他深知潘美和曹翰是兩員好殺戮的猛將，不容易掌控，因而才想到這個方法。

在率兵攻打江南的時候，曹彬受上命要儘量保全南唐皇帝李煜一家人，他當下覺得有些為難。曹彬想了想沒有抗命，但也沒有明確回答，只是問趙匡胤：「副將是誰？」

趙匡胤立刻明白了他的用意，召見潘美、曹翰等人，當著他們兩人的面，將自己隨身攜帶的一把寶劍遞給曹彬，道：「你手持此劍，如我親臨，如果有人敢不聽從你的軍令，你隨時可以先斬後奏，一切只管軍法處置！這把劍給了你，我就是將此戰的一切決定權都交給你了！」他說著還用餘光打量著潘美、曹翰，頓時起到了威懾的作用。潘美、曹翰都忐忑不安，只得趕緊說：「末將定當聽命！」

後來曹彬帶著眾將領破城以後，押走了投降的南唐皇帝李煜。

等李煜走了之後，曹彬害怕還是會有人陽奉陰違，就告訴潘美自己要離開三天，便把統率部隊的重擔交給了他，並嚴令他不可以縱容部下殺人搶掠。其實，曹彬是親自帶了二百兵士，守住了南唐的宮殿，不准任何人闖入，目的就是防止屬下起歹念，對這些無辜的皇室成員進行濫殺。第三天，曹彬看著李煜家眷三百多人上船走了，才進宮查封了南唐皇室的財產，上報給朝廷。

曹彬如此行事得人稱頌，他雖然是個將軍，卻不嗜殺，還經常告誡子孫說：「領兵打仗靠的是嚴明的紀律，我們並不是土匪，當然不可做屠城、燒毀民居、掠奪民財、姦淫婦女的惡行！戰爭有時不可避免，但也應該想想無辜百姓的苦處，看到他人的父母逃亡，就應想想如果是自己的父母在逃亡，這時你應該做什麼？看到他人的妻女流離失所，就應該想想如果是自己的妻女流離失所，你應該做什麼？蒼生遭受劫難很多時候是人自己造成的，當權者不能推卸這個責任！」

古人云：「積善之家必有餘慶，積不善之家必有餘殃。」曹彬一輩子積善良多，因而曹家的後代都過得很好：曹彬的兒子自己有出息，還得到了高官厚爵，他的孫女後來還做了宋仁宗的皇后，品性賢德，後世稱譽為聖太后。

對了，八仙過海中的曹國舅，正是曹彬的孫子。

可見行善得善報不是一句空談，而且行善能使人快樂，曹彬一生行善，心境也比一般人要開闊得多。

再來看另外一則故事，在貝納裡曾住著一位名叫拿提雅的青年，他一家人都虔誠地信奉佛教，經常為僧團做奉獻。

當拿提雅到了結婚的年齡，他的父母親決定讓他迎娶舅父的女兒麗華蒂。他認得這位表妹，因為她一家人就住在他家的對面，但是她並非佛教徒，為人吝嗇且從來不佈施他人，這讓身為佛教徒的拿提雅不願意娶她。

拿提雅的母親知道了這件事，就對麗華蒂說：「可愛的姑娘，請你把地打掃乾淨吧，為比丘們準備好席位，等到比丘們來了後，就邀請他們入座，為他們準備食物和水，放好碗筷。等比丘們吃完了飯，你就為他們清洗乾淨碗碟，如果你誠心誠意做好了這一切，你必然能贏得我兒子的心。」

麗華蒂聽了就依照她的話做了，拿提雅的母親告訴拿提雅，說他的表妹已經成為了虔誠的信徒，拿提雅終於答應了娶她。

不久之後，選擇了好日子，兩人成親了。拿提雅在新婚之夜對自己的妻子說：「如果你能夠虔誠地侍奉比丘與我的父母，你將是我的好妻子，我會讓你長期住在這個家裡。因此，請你記住這一點，不要放逸。」她答應了，使得自己成為了一名真正的佛教徒，不久為拿提雅生育了兩個兒子。

此後，等拿提雅的父母去世後，她成為這個家的女主人。這時拿提雅已經繼承了父母的產業，他繼續供奉僧團，並且佈施給窮苦人。某日，他在參謁佛陀後，覺得自己供奉僧人的功德還需要加強，便花錢建造了一座很大的殿堂，在裡面設置了所有的生活用具及傢俱，並把這座殿堂送給了佛陀與僧團。

拿提雅在捐贈儀式上，拿起淨水倒在了佛陀的右手掌上，頃刻間，忉利天也出現了一座殿堂，長約十二裡，有百丈高，殿堂裡裝飾著無數珠寶，還有許多天女居住在裡面。

目犍連尊者後來到這裡看見了這座宮殿，驚訝極了，便問那些天人道：「是誰造就了這樣大的功德呀？宏偉的殿堂如此之大，還能招引天女在裡面居住？」天人如實告訴他說：「尊者，這是在家弟子拿提雅的功德啊。他因為佈施了一座殿堂給佛陀與僧團，天界由此才在同一時刻冒出了一座殿堂！」

殿堂裡的天女又對尊者道：「我們在這裡重生卻並不快樂，因為見不到我們將來應該侍奉的拿提雅。請您告訴他，務必儘早地到這兒來，早日放棄人類的軀體，成為天人吧！」

目犍連尊者聽了便來到佛陀面前問道：「尊敬的世尊！凡人活在世間，進行修行，卻還能通過自己的善行而使得天界榮耀，這是真的嗎？」佛陀告訴他：「你不是已經在天界親眼看到榮耀了嗎？」

「這果然是真的？」目犍連尊者似乎有些不願相信。

佛陀便斥責他道：「目犍連，你為何要這樣問我？這件事是很好理解的，正如一個離鄉背井的遊子在他鄉行善歸來，當他走到村口時，村裡人都會給他家裡報信，他的親人朋友會熱情地歡迎他回家，對他的歸來十分高興。同樣的道理，一個人在凡世行了善業，當他死後往生天界時，天人當然會像迎接親人一般，帶著十種禮物前去迎接他，並爭相把禮物奉上。」

佛陀後來為目犍連尊者誦出了兩段偈子，以為開示：

久客異鄉者，自遠處安歸，親友與知識，歡喜而迎彼。

造福亦如是，從此生彼界，福業如親友，以迎愛者來。

行善助人，不僅是給自己錦上添花，更重要的是使得他人真正受益，獲得福祉。有時候雪中送炭的善行，能使他人一生銘記，並獲得勇氣和能量。即使我們並不信佛，但力所能及的佈施也都是在行善，都是在為自己積累功德。

世上總有些人需要幫助，因為沒有人是萬能的。當我們身邊的親人朋友遭受到了困惑、迷茫、無助，能幫助就幫助，給予他們力量、勇氣與鼓舞，這才是真誠的行善，而非金錢上的施捨。

那什麼是真正的行善呢？

弘一大師對此主張，行善應是無私奉獻，不圖回報的行善，因為只有由衷的行善才是真正的慈心，真正的助人為樂。

日行一善，可以使我們獲得快樂，在具體的善行中我們可以讓人間的光芒更明亮。人不僅要有一顆善心，同時善行也很可貴。善良是一種比太陽更耀眼的人性光芒，能幫助他人驅逐黑暗和絕望。當我們為他人的安寧感到安寧，為他人的幸福感到幸福時，我們自身就溫暖了起來，快樂了起來，並能深切地感受到生命的絢麗。

行善最樂，只要你做，你就必有所得！

◇開悟箴言

無條件的行善才是真正的行善。

善行是土壤，能使萬物生長；善行是露水，能使萬物豐盈。

行善付諸於實際生活中，小的方面來說，就是讓我們設身處地為他人著想、思考，不斤斤計較；大的方面而言，就是讓我們嚴於律己、寬厚待人，平日養成尊老愛幼、秉公好義的好品德，待人要真誠友善，力所能及地助人為樂。

人有善念，天必護佑。

人生最大的福德莫大於心善。

一點善行慈愛不但是積德的種子，也是積福的根苗。

利益一切眾生，就是利益自己；傷害一切眾生，就是傷害自己。

與人幸福從行善開始，與人快樂亦可從行善開始。

第二章 存養卷

止息妄念，只有自由的心才是平和的

妄念，是一切怨怒嗔癡的根源。世人常常說自己有無盡煩惱，那是因為無法擺脫怨怒嗔癡的束縛。人們想要擁有一顆自由的心，讓心平和安詳，唯有息妄歸真，不讓妄念生根發芽，左右自己的內心。

一旦放下了妄念，再觀察自己的內心，我們就會發現這是一片寧靜的湖泊，能倒映自己的一切欲望，卻沒有求欲的波瀾。在生活中，我們應當努力止息所有的計較與猜度，停止所有的妄想與執念，到那時，頭腦清淨心也清淨。那些妨礙我們獲得寧靜平和的是繁蕪的世事嗎？需要停下的是我們忙亂的腳步嗎？非也，真正需要停下來的，是我們身體裡那顆總是營造痛苦悲傷、嫉妒怨懟的虛妄之心。

存養需先止息妄念，清心淡泊

世情淡一分，佛法自有一分得力。娑婆活計輕一分，生西方便有一分穩當。彈指歸安養，閻浮不可留。

——弘一大師

有這麼一個財主，老年得子，非常高興。

兒子漸漸長大了，財主卻發現兒子只會笑不會哭，覺得很奇怪，以為是患了什麼疾病。財主為此想盡了各種辦法，希望兒子能哭，一開始搶奪他的東西，兒子不哭；後來罵兒子，兒子也不哭；再後來打起了兒子，兒子仍舊不哭。

正覺得無可奈何的時候，財主家迎來了一雲遊高僧化緣，財主便央求他為兒子診治。高僧答應了，不一會兒把財主兒子抱了過來。這孩子也不認生，對著高僧呵呵直笑。

財主見了，狠狠打了兒子的屁股一下，兒子卻只是皺起眉頭，並無要哭的跡象。

財主只好對高僧請教道：「敢問高僧，我的兒子是不是智力有問題呢？」

高僧沒有說話，只是伸手從面前的果盤裡拿出了一根香蕉和一串葡萄，遞到財主兒子的跟前。這小孩猶豫了一下，拿起了葡萄。

財主就在一旁解釋：「我兒子從小就不吃香蕉的。」

高僧點點頭道：「他知道取捨，智力應當沒有問題。」

財主聽了就伸手拿走了香蕉，兒子不過是稍稍愣了一下，還是不哭。

財主嘆了口氣說：「法師您看，我兒子失去東西也不悲不哭，這是為什麼呢？他該不會是前世高僧轉世吧，這可不好，我有萬貫家財等著他繼承呢，可不想他出家！法師，您看這如何是好？」

高僧想了想拿起香蕉說：「抱著你兒子隨我來！」

財主就抱著兒子走出家門，正好看到有三個小孩在門口玩耍。

高僧看了眼財主的兒子，伸手招呼那三個孩子過來，把香蕉分給了他們。三個小孩兒高興地接過去，拿起香蕉就剝開來吃。

就在這個時候，財主的兒子指著香蕉，大聲叫喊起來像是要發怒，財主用葡萄哄他，卻沒有用，他把葡萄扔在了地上。不一會兒，那三個孩子吃完了香蕉，對著財主兒子得意地笑了笑，這可不得了，財主兒子突然就「哇」的一聲大哭起來，把眾人嚇了一跳。

財主非常驚喜，但有些不解地問：「我兒子平時一口香蕉都不吃的，怎麼今天會為香蕉就哭了呢？」

高僧微笑道：「許多人會悲傷，心中有妄念，不是因為自己失去了，而是因為別人得到了。」

世上許多人本以為自己沒有妄念，殊不知，有些妄念是埋藏在心底的，不知不覺就會影響到自己的行為。是以，心仍然是不清淨，切勿以為此刻的不悲傷就是淡泊。

弘一大師認為，只要放下了對物質的渴望，才能慢慢放下人心，走向佛心。

從前有一個生活平淡的人，他每天做著一樣的事，總覺得生活太過平淡，沒有什麼意思。於是，他天天都向上天祈禱，希望自己可以遇到奇蹟。

某日，這人為了儘早看到奇蹟，便向佛祖祈求道：「世尊，我想得到一個奇蹟！」

佛祖反問他：「那你想要一個什麼樣的奇蹟？」

這個人想了半天回答道：「嗯，我就是想要那種做夢都想不到，會完全超乎我想像的奇蹟。」

佛祖答應了他：「好，你所期盼的奇蹟明天就會出現了。」

這人歡喜極了，開始默默等待奇蹟的出現。

但是到了第二天，到了第三天，甚至好多天過去了，這人也沒有看到什麼奇蹟，生活沒有任何改變。他氣憤地對佛祖質問說：「世尊，你答應給我的奇蹟呢？為什麼沒有出現……」

這時天空飄起佛祖的聲音：「你要的奇蹟，我早就給你了。」

這人疑惑：「真的嗎？但我怎麼沒有看見？」

佛祖淡淡一笑，道：「其實，你已經生活在了奇蹟之中，但你自己卻不知道。你不是說自己期盼的奇蹟，就是做夢也想不到，完全超乎你想像的事情嗎？你以為我能夠給你奇蹟，可是佛祖卻並未給你什麼奇蹟，這不正是你做夢也想不到並超乎了想像的事情嗎？這本身就是一個奇蹟啊。」

這人頓時有所醒悟。

佛祖又道：「你大可不必期盼世上有什麼奇蹟會出現，因為在這個世界上除了你自己，本沒有什麼可以被稱為奇蹟。與其求我送給你奇蹟，不如自己為自己創造奇蹟。」

太過將希望寄予他人身上，指望佛祖給自己帶來奇蹟，又何嘗不是一種貪婪的妄念？如果長時間被這種妄念所禁錮，心境永遠不可能平靜。

弘一大師在世事上主張，自己的心淡泊一分，自己所擁有的佛力便更有效一分，因為只有人清心了，才能夠沒有雜念地面對眼前的事物，專心一意，保持恬靜安詳的思維。

古代諺語說道：「憂能使人老。」實際上雜念多、欲望多的人就容易煩躁，心緒不寧並且多病。一顆心清淨了，才是保持身心健康的關鍵所在。清心淡泊對任何人都是很重要的，但如何才能保持這種恬靜安詳呢？

妄念過多的人，能使得自己生活在「利令智昏，欲令智迷」的狀態中，這樣的人即使有智慧也會被蒙蔽，從而產生各種過失與罪惡，甚至變得墮落。對於諸多物欲的危害，我們必須要能夠革除並放下。弘一大師從來不要求弟子一念放下，因為這是很艱難的過程，那我們可以逐步減少、淡化心中的妄念，由此逐步體會到止息妄念的樂趣，再進行更高層次的體悟。

◇開悟箴言

清心就是要保持內心的恬靜，沒有憂慮與牽掛，也沒有任何雜念，清心不是朝夕達成的功夫，需要日日修心。

修行也正是修心的過程，修的是讓我們擁有一個平靜的心。當我們感覺到心態不安靜的時候，無論做什麼事都會做不好，效率低下，容易犯錯。只要當我們的心態平靜了，做起事來才能事半功倍，並且能夠精益求精。

心態能影響我們的身體，如果心中充斥著欲望而無法淡泊，身體也將變得岌岌可危容易腐朽。

如果我們的內心裡沒有那麼多邪惡念頭，沒有那麼多妄想執著，那麼一切都會順遂得多。

真正的清淨就是在心裡，最美的風景也是在心裡，而不在身外。

人生需要一種淡然樸實的美感，需要一種不張揚、不喧囂的寧靜。只要人們可以做到淡泊名利、淡泊市儈、淡泊榮辱、淡泊誘惑……生活將變得輕鬆很多，充滿的將是清香而不是銅臭。

從現在做起，把過去計較的物質放下，不去想不去追求，回歸質樸，試試看自己會有什麼感覺。

多學靜坐，以收斂浮氣

靜坐，常思己過。

——弘一大師

盤珪永琢禪師是日本江戶時代有名的僧人，他每每教導接引他人，要求他們應該具有佛心和高尚道德。又因為他說法時深入淺出，事理圓融，通俗易懂，因此總有人慕名前來參謁或請求開示。他有個習慣，常常在開示會結束之前讓信徒們發問，他便即時解說，這樣可以讓更多的人受益。

某天來了位陌生的信徒，他請教盤珪禪師說：「法師，我天生就有暴躁的性情，非常苦惱，卻不知道要如何才能改正，您能幫助我嗎？」

盤珪禪師思慮片刻對這位信徒說：「這樣，你將身體裡天生暴躁的性情拿出來吧，我可以幫你改掉。」

信徒頓生疑慮地回答說：「不行啊法師，我現在還不知道暴躁的性情在哪裡。但是只要我一碰到某些事情，暴躁性情就會自己從身體裡跑出來了！然後，我就會控制不住情緒，開始變得極為暴躁，胡亂發脾氣。」

盤珪禪師語氣平淡地道：「原來如此，你的情形倒是很有趣。如果你現在沒有暴躁的性情，只是偶爾才會暴躁起來……說明這暴躁不是每時每刻存在的，又怎麼是天生的呢？其實，你會遇到某些事情就變得暴躁，是你內心不寧靜，太浮躁，又總是與別人爭執才造就的吧。為何要把自己的過錯推給上天或者父母呢？你這樣說實在太不公平了。」

信徒頓時領悟，決定從今往後改掉暴躁的個性，而且不再埋怨上天與父母。

世人有時會將自己的過錯推給他人、父母、上天，卻不知道改進，這樣的人終生都會被自身缺點所左右，前進到某種階段便會止步難行。

真正擁有福德與智慧的人，他們的舉止會安詳和緩，而不會浮躁。浮躁的人辦不成大事，不知道反省，看不見自身的缺點，成就自然會很有限。

從古至今建立有大功業的人，他們面對生活、事業的態度都是十分端正的，不僅認真而且踏實，善於修煉內在功夫，而不是一遇到困難就從外部找原因。佛家說看一個修行人修行得有沒有功夫，不用看別的，先要看他的色相，從色相就能看出他的修行好不好。

為什麼呢？因為心地清淨不浮躁的人，色相上會表現出來一種平穩的氣質，能讓人看出來其兼具內涵。如果一個人心裡浮躁，老是做事情靜不下心，旁人看到他的色相就會感覺不實在。

這也就是為什麼古人常講的，有學問的人能通過色相看出來，因為「學問深時意氣平」，心境平和的人，做學問也不會浮躁誇張。

弘一大師認為平日多練習靜坐，可以幫助人們收斂浮躁之氣，事實的確如此。

浮躁之氣，很多時候就是來源於大家平日裡累積的惡習。由於習慣不是天生的，而是後天養成的，因而我們只要有勇氣和決心，是可以改掉壞習慣的。大多數人，其實都具有清淨的真如本性，但這種本性往往被人們的惡習掩蓋了，需要我們通過改掉惡習來還原自己清淨的本性。

「講時似悟，對境生迷」的觀念是不好的，當境界撲面而來的時候，我們只要有勇氣進行抑制，就沒有什麼惡習不能去除，沒有什麼暴躁的脾氣不能改掉。

這可以通過靜坐來達到。

靜坐之前，我們應當閉上眼睛好好思考一下，自己是否因為心生浮躁而做過很多錯事，是否極容易被周圍環境、人物影響，情緒受到左右？又是不是那種會為了某些小事而生氣，生氣過後仍然鑽牛角尖的人？

如果是，這顆浮躁之心已經影響到了你的理智，為了自己與他人著想，學習靜坐摒棄浮氣真的迫在眉睫。

靜坐又被稱為冥想、禪思或內觀，很多研究指出，經常靜坐者會比非經常靜坐者的心理狀況更加優良。靜坐的過程可以幫助我們緩慢呼吸，降低焦慮，同時還能夠提高自己的內控能力，並改進睡眠時的糟糕狀況，具有更佳的狀態來面對壓力。

無論閒忙、晨昏，都可以靜下心進行靜坐，試著讓自己的呼吸緩慢下來，多內觀，看看自己的動作、感受是怎樣的，排除雜念，慢慢地就會擁有更多安定而平靜的感覺，如此便得到了一份內在定靜感。繼續深化下去，還可以幫助我們清除身心的憂惱、障礙。一時靜坐的練習就可以使人一時受益，如果經常練習就可以經常受益。

說得更簡單一點，靜坐帶給人們的是一種正向感受的體驗，彷佛是一種清涼劑，能夠讓人冷靜下來，不僅是放慢心跳和身體的運作，更是放緩大腦的思考，讓焦躁的思維獲得緩衝。

所以有效的靜坐還可以使人減少頭痛、不安、害怕和恐懼……經常靜坐者能夠更有效地控制自己承受的壓力，汲取更多正向感受，抵消負面感受。

得道高僧為什麼喜歡靜坐呢，這也是與經常靜坐的功能有關的。因為靜坐時人的呼吸會慢慢減緩、減少，有些僧人靜坐慣了，他的呼吸甚至會比正常人呼吸的次數少幾倍，如此心跳的頻率也跟著減少了，那麼他心胸等器官的用氧量也隨之開始降低。這種特殊狀態會使人體消耗的能量變得極少，從而讓攝取量變得更為充足，這對於每個器官的運作都是很有好處的。與此同時，靜坐能促使人在肉體與精神上都有本質的提升。

由此不難看出，通過靜坐來收斂浮氣，是一個切實可行的好方法。

◇開悟箴言

剛開始練習靜坐，可以找一個安靜、舒適的地方，再找一張坐起來舒服的椅子。畢竟靜坐與睡覺不同，時間一長身體會有不一樣的生理反應，為了防止靜坐時不知不覺睡著了，我們可以找一張直背的椅子，這能讓我們在靜坐時把腰挺直，穩固地支撐住背部和腦袋，這樣就算靜坐的時間長了點也不會感到特別疲倦。

坐上椅子後，靜坐的姿勢要端正：首先，讓屁股緊貼住椅背，雙腳稍稍往前伸，將雙手放在椅子的扶手或膝蓋上，挺直脖子，把頭靠在椅背上，儘量使自己的肌肉放鬆一些。接著，請慢慢閉上雙眼，開始深呼吸，吸氣時心中默念「1」，吐氣時默念「2」，保持一定頻率，一旦確定了就不要隨意控制或改變呼吸的頻率，吸氣、吐氣要有規律，這樣能讓心跳也平穩起來。這樣的呼吸可以保持二十分鐘，同時集中精神慢慢思考。

如果本身的身體情況沒問題，我們在靜坐的過程中應當不會產生什麼情況，初次靜坐的人可能坐不了二十分鐘，不要緊，儘量平心靜氣地繼續呼吸，堅持下來就知道這並不困難。

如果在靜坐時感覺到不舒服或有幻覺，及時睜開眼睛，停止靜坐就好。

每天靜坐的時間也不用很長，靜坐兩次，每次保持二十分鐘即可，建議大家在起床後與晚飯前各做一次，每天貴在堅持。

靜坐時要凝神靜氣，一旦開始深呼吸，告訴自己不要胡思亂想，先將心靜下來，跟隨著呼吸一起來，再慢慢將注意力集中在自身上，思考不一定要有具象，隨心而動便好。

由於人在靜坐時呼吸會減慢，可能會降低新陳代謝的作用，因此我們需要避免飲用咖啡、茶葉、可樂等含有咖啡因的飲料。在靜坐前，也不要抽煙或服用刺激性的藥物，以免影響靜坐的效果。

以理制欲，理勝則心平氣和

即使萬無解救，而志守正確，雖事不可為，而心終可白；否則必致身敗而名亦不保，非所以處變之道。

——弘一大師

紐約華爾街附近的一間餐館裡，有一位攻讀 MBA 的中國留學生。他學習非常努力，雄心勃勃，某天吃飯時對餐館的大廚說：「我啊，現在雖然還是窮學生，但總有一天會在華爾街闖出一番成就的。」

大廚點點頭，微笑著問他：「那麼你畢業後有什麼計畫呢？」

留學生幾乎沒有思考地回答他：「我希望自己在畢業之後就能馬上進入一家世界頂級的跨國企業，在那裡工作，不但能有豐厚的收入，還能擁有光明的前途。」

大廚想了想說：「年輕人，我不好奇你的前途，我是想知道你在將來的工作興趣是什麼，人生興趣又是什麼？」

留學生聽了，一時不知如何回答。顯然，他也有些不明白大廚到底想問什麼。

大廚卻忽然輕嘆一聲道：「要是經濟還像現在這樣繼續低迷，餐館的生意不景氣，那我只好又去做銀行家了。」

留學生聽到這話很是驚訝，目瞪口呆，不太相信自己眼前滿身油煙的廚師曾經會是位銀行家，便問：「這是真的嗎？」

大廚不以為然地對他解釋說：「是啊，我以前就在華爾街工作，每天去一家銀行上班，早出晚歸，披星戴月，工作很忙，連半點業餘生活都不能享受。做了好些年，成績一直很好。但我是個喜歡烹飪的人，家人朋友對我的廚藝都大加讚賞，我平時最大的樂趣就是能看到他們因為品嘗我的菜而感到幸福快樂，這是令我最愉快的事情。幾年前的一天，我工作到很晚，直到淩晨一點鐘才完成了當日工作，覺得很疲憊。那個晚上我下班後就在街邊吃一個漢堡充饑，當時我就決定不要再繼續這樣生活了！那種機器般的枯燥生活真的不是我想要的，我熱愛烹飪，難道不該做一名廚師嗎？所以我就開了家餐館，你瞧瞧，我現在生活得比以前要愉快多了！」

留學生頓時沉默了，對於自己將來的工作和人生展開了仔細的思考。

這世上的很多人都不清楚自己到底需要什麼樣的生活，究竟想要哪種人生。因為他們總會在不斷地奔跑中失去方向，失去自己該有的快樂和幸福——

有多少人像這位留學生一樣，並沒有想清楚自己衷心嚮往的生活就被某些量化的欲望所左右呢？如果沒有理智幫助我們思考，我們難免將被其他人趨之若鶩的欲望牽著鼻子走，而失去自身原本可以擁有的寶貴財富。

那些看起來光鮮的物質或名譽，真的是你所需要的嗎？

曾有一個旅人，於深夜之中獨自在沙漠中趕路，他騎著一匹駱駝，旁邊任何生物都沒有。

突然，當他越過乾涸的河床時，耳邊傳來一個奇怪的聲音：「停下來！」

旅人覺得詭異，就趕緊翻身從駱駝上下來，這時又聽見陌生的聲音說：「去，蹲下來抓一把沙石！」

他雖然覺得古怪，但還是照做了，抓起一把沙石。這時陌生的聲音再次響起：「你捧著沙石繼續上路吧！等到太陽升起時，你定然會既高興又懊惱！」

此後，旅人心裡惶恐不安，捧著那把沙石繼續趕路，終於等到了天亮，在天邊看到了一絲曙光。在一絲微弱的光線下，旅人驚訝不已地發現，自己手上的並不是沙石，而是一把光華四溢的寶石。

他頓時顫抖地抬起手掌，心裡歡喜不已，緊接著在鋪天蓋地的興奮之後，心裡又生出一絲懊悔來：怎麼沒有多抓一把呢！

旅人是一個普通的人，對金錢有著最基本的欲望。正如那個陌生的聲音告訴他的，他在高興與興奮之餘，也不免陷入了人性的貪婪中。

在接下來的路上，旅人就不停地在想：「早知道當時應多抓一把！」「我在爬上駱駝時，在之前的路上不知道掉了多少顆寶石呀！」「不然，再回去找找那條河床？」「或者，我還是繼續往前走？」

那麼，如果旅人在第二天發現自己手中抓著的仍然是沙石，並沒有發現有變化，心境會如何呢？他肯定會把沙石撒向沙漠，然後拍拍手掌，苦笑著離開吧！

人想要坦坦蕩蕩地活著，不大喜大悲，克制欲望是唯一的出路。

追逐欲望雖然能給人帶來無限滿足，但這種滿足不是永久的，當欲望逐漸被滿足後，人的欲望就會變得越來越大。

弘一大師用他的智慧教導我們，不如嘗試著放下欲望，讓自己的心靈得到滋潤。人如果想要得到自由，其實並不要求他放下任何的財物，也不要求他付出一些什麼，只要他敢於放下那顆執著於物質的心，使自己對待萬事萬物的心態接近於平和，這就是得到了最大限度的自由！

佛經有云，未斷我愛，不如潔淨。

人們心中的愛恨恩仇，都是無窮盡的情障。之所以會有情障，是因為人不可能做到完全的理智，常會在不經意時被各類「欲」所迷惑。一旦有了欲求，人就會感覺到痛苦悲傷，因為人總在追求錯誤的東西，殊不知執著於今日的欲求，很可能會造成明日的悔恨。當我們被欲求迷惑時，卻不知道自己已經被迷惑了，這是最為可悲的。喜怒悲傷這些煩惱，不是別人給你的，而是自己造成的；會生煩惱，是因為你自己的內心不夠客觀與理智，放不下強烈的欲求。

如果能放下非分的欲望，克服自身對外物、情感的欲求，就會知道平和是福。

◇開悟箴言

可以克制並放下欲望的人，便是具有佛緣。

欲望向來是最難掌控的，人如果想要控制自己無限膨脹的欲望，就要學會善用理智，平淡自足。凡事要多幾分客觀和分析，只從一己之欲出發，難免衝動魯莽並不計後果。

人會覺得生命起起伏伏、坎坷艱險，皆是因為內心存有欲望與妄念。

學會控制六根欲望，能幫助我們提高自我控制的層次，這也是個人修持成就的指標之一；如果不能控制六根欲望，那麼我們的心永遠無法安詳，只看得見自我看不見世界。

情理與道理都是可以用於克制欲望的，遇事應多想想多看看，由悟心開始悟道，不要囿於自己的「求而不得」。

正面情緒有利於人們擺脫欲求，擺脫世俗的功利，所以我們要在日常生活中多積累正面的感情與感受，積極看待人生，行事時多留一份善念。

存養宜「緩」，言語靜默舉止從容

遠近眾靜之，端坐正思維。劉念台雲：「涵養，全得一緩字，凡言語、動作皆是。」

——弘一大師

曾住在舍衛城祇陀園精舍的佛陀，在某次開示會上，講述了善陀迦耶尊者的故事。

善陀迦耶是一名比丘，據說他從來不會因為不正當的舉止而深感慚愧。因為善陀迦耶從不打呵欠或伸懶腰，精神祥和，又那麼地安靜，似乎從來不輕浮焦躁。而在前世，他是一頭獅子，當他還是獅子胎兒時，發生過什麼呢？

他前世的母親，也就是一隻母獅，而且是一隻具有佛性的獅子：每當牠出門捕捉到獵物後，都會在一個鋪滿了金銀珠寶的山洞裡休息，但牠會躺在一個灑滿了紅砒霜和雄黃的床上睡覺，足足七日時間。第七日時，母獅會起來查看臥床，如果它看到床上砒霜或雄黃因為自己尾巴或肢體亂動而散落了，就會告誡自己道：「啊，這是我生活的地方嗎？噢，這不是我的家！」然後它會戒食七日。要是它起床後發現砒霜或雄黃並沒有散落，就會這樣告訴自己：「嗯，這是我生活的地方，也是我的家！」接著就伸伸胳膊走出山洞，對著四周大吼三聲，又重新去尋找獵物了。

善陀迦耶前世就是在這樣一隻母獅的腹中成長的，因而具有了與母獅一樣的優點。

平素行事緩慢而安靜的善陀迦耶在修行上日有精進，他的高貴品格也引起了其他比丘的注意，覺得佩服，便對佛陀感嘆道：「尊敬的世尊！這真是神奇的事情，我們從來不曾見過有比丘能夠像善陀迦耶尊者這樣的，他總是能安靜地坐著，既不動手也不動腳，神色毫無倦怠，也從不伸懶腰！」

佛陀微微一笑，對他們說：「比丘們！作為一個比丘就應該如此，你們應該也像善陀迦耶尊者一樣，語靜、身心靜。」

於是，佛陀給他們誦出了一段偈子：身靜及語靜，心寂住三昧，舍俗樂比丘，是名寂靜者。

身體的安靜，語言的寂靜，能夠幫助人們守住三昧，對提高自我修行大有裨益。如此沉得下來，知道享受安靜的人往往能夠認真思考，讓心境平和安靜下來，對自身就更為有益。

佛陀在另一次開示會上，又提到了六名比丘的故事。

這六名比丘不是像善陀迦耶那樣安靜的人，他們平日行為虛浮，有時在食堂鬧事，有時便在村落裡鬧事，不好好修行。某天，其他比丘在化緣之後來到食堂用餐，這六名比丘隨之而來看到了他們，就大言不慚地對他們說：「與你們相比，我們才是真正的賢德之人。」然而一說完這句話，他們就開始亂扔東西，行為不端正，將食堂弄得一團糟。

佛陀很快得知了此事，在午餐的開示會上如此說道：「比丘們！我從未說過侮辱或欺負他人的話，也從不妄稱自己是賢德之人。真正的賢德之人如何會自我標榜並傷害他人？真正的賢德不是自己確定的，而是世人給予的榮耀，大智者當靜默。」

佛陀在最後用一段偈子開示弟子：不以多言故，彼即為智者。安靜無怨怖，是名為智者。

保持身心寂靜不僅是一種難能可貴的涵養，也是用以自修的管道。

弘一大師認為，人即使身處於群體之中也應當保持自身的安靜，主張慢說話緩動作，這樣才能夠時刻端正自己的思維，並約束自己的不良習慣和浮淺作為。舉止過度浮躁之人，說明他的心也是不夠端正的，一旦習慣壞了要想修心便會難上加難。

從容的行為和心態才是有利於長遠發展的，有許多人在一生中總是忙忙碌碌，不停地與時間賽跑，他們不懂得放慢一下節奏就急忙向前，又有多少人是一蹴而就達到目標的呢？

生活中的誘惑常令世人事事要追求高效，遇事就缺乏耐心，其實真應該緩一緩，靜一靜，想一想，殊不知欲速則不達！急什麼呢，金錢感情抑或聲望名利，若要追求到底那是一生都無法窮盡，到頭來其實什麼也帶不走。為何不如弘一大師所言，給自己多留一份安靜與從容，讓思維端正，追逐的步伐慢一點，認真對待自己所做的每件事，這樣的所得反而會更加充沛豐盈。

◇開悟箴言

世上沒有窮盡的理想，世上沒有窮盡的目標，貪欲總會膨脹起來誘惑人們，我們理應懂得把握分寸，太急進急躁的人生將失去它的意義。

停下追逐是否是一種幸福？節奏從容不迫的人生何嘗不是更加美好？

忙碌著的是我們的身體更是我們的心，讓心多一點從容，有的放慢、籌備妥當，行事反而容易變得更為有效率。

有些學問只有靜下心來才能徹底弄通，我們在學習上自然不能急於求成；在尋求幸福的道路上我們同樣也應該放緩腳步，多看看多聽聽，多瞭解自己的內心，對萬物多一份瞭解。

真正的涵養表現在每一個小細節上面，你的語言和動作通常都會出賣你，不要小看了平日在行為習慣上的修養，這種修養是與修心同步進行，同步實現的。

從容緩慢不代表著懶惰和懈怠，這是一種端正祥和的生活態度，而不意味著刻意或故意地放慢思維與腳步，修身與修心是每日都要進行的功課，無法自欺欺人。

順境逆境皆人生，臨喜臨怒要心平

逆境順境看襟度，臨喜臨怒看涵養。人當變故之來，只宜靜守，不宜躁動。

——弘一大師

有這樣一個故事，說的是莊子的妻子生病去世了，他的好友惠子前來弔唁。

惠子看到莊子盤腿坐地，正在靈前鼓盆而歌，心中覺得奇怪，便責怪道：「你的妻子與你好歹夫妻一場，為你操持家務，生兒防老。如今她去世了，你不悲傷痛苦也就罷了，怎麼還鼓盆而歌呢？這簡直，簡直太過分、太不近人情了吧！」

莊子聽了卻不以為意，只道：「並非如此的。她剛死的時候，我如何會不悲傷呢？但在悲傷之後我才赫然發現，哦，原來自己也還只是一個凡夫俗子，不明白生死的道理，不痛徹天地之道……漸漸地，我也就不覺得悲傷了。」

惠子仍然不能理解，斥責他道：「生死之理又如何說啊？」

莊子解釋給他說：「你知道生命起始之時，原本無生。不僅原本無生，而且原本就是沒有形態沒有形狀的。不僅如此，生命最初也本無氣。只因為陰陽交雜在天地之間，才有了氣，因氣而有了形，有了形才有了生，如今生又有了死。因而人從一生下來就是要面臨死亡的，生死變化就猶如春夏秋冬四時的交替！這是生命的有常，無論她何時死去，我必將面對這一刻。她雖然是死了，但她其實仍然安詳地存在於天地萬物之中，我又為何還要悲哀地哭泣呢？當時的悲傷是一時情之所至，因失去而感到痛苦，但如今我明白了這一切，所以便止哀而歌了。」

惠子有所領悟，問：「道理雖然如此，但情何以堪？」

莊子緩慢道：「死生，命也；其有夜旦之常，天也。死生之物就好像是晝夜交替的事情，死生都是一氣所化的，很多人不瞭解這個道理，故而才會產生悲樂之心。但既然我明白了其中的道理，以理化情，還有什麼不堪忍受的？況且世上的諸事對人來說，得者，時也；失者，順也！」

生死是人生第一個命題，難解。但莊子給了我們一個很好的見解，所謂「死生，命也」，這裡的「命」並不是指算命的命，而是指生死的本源。「其有夜旦之常，天也」，說的是我們頭頂上的這片天，天黑天亮都是它的表象，其實天空本身不存在黑白，它是無常的也是有常的，在浩瀚宇宙中它的變化是那麼微不足道。

對於一個得道的人來說，生死問題就不存在了，因為他已經看清楚了生死，不懼怕生死。

人生無常，世事難料，在人的一生中總會發生這樣那樣的事情，如果沒有一顆平和的心，很可能深受喜怒悲歡的折磨，鬱鬱不解。我們不要求任何人都看清生死，但如果能夠看淡變故，哪怕是稍微可以看淡生死，能夠用一種順其自然的心態來面對世事，就不會陷入過度難耐的大喜大悲。

弘一大師在修行佛法的過程中，培育出來的禪定與智慧，能幫助他面對變故時以理智的狀態處理問題。智慧能夠令人明確地判斷是非黑白，所得所失，該棄該守。正因為有了智慧才產生了定力，能夠讓人們有足夠堅守的立場來鞏固自己的內心，防備外界的誹言詆語，獨守自己清淨無垢的空間。這樣的人不會因為變故而失去自我，更不會為了爭取他人的另眼相待而奉承獻媚，奴顏婢膝。在大起大落中容易完全失去自我的人，其內心定然不夠堅定，原有的立場與操守定然不夠分量，也極容易在風雨中喪失方向。

生命歷練的確是異常殘酷的，那些無常與變故雖說是生命中的必然現象，但不是所有人都能夠淡然處之的。這就需要我們通過修心來化解憂慮，加深自身對佛法的認知，不斷提升自己的能力。只要我們有堅定的決心，有堅強的信念，每日多多努力，度過生命中的驚濤駭浪又有多難？

弘一大師對於順境逆境的把握是非常智慧的，因為佛家認為因緣不是一個人所能操控的，人有時一帆風順有時一波三折都是平常，不需要因此喪失信心：當我們生活順心時不要得意忘形，遇到阻礙時也不要灰心喪氣。沒有人是一輩子順心順意的，他總有陷入困境的時候，俗話說「風水輪流轉」，為何我們不能心境開闊一些？

每個人要走的道路都絕非坦途，我們會在這時遇上順境，就會在那時遇上逆境。即便是法師那樣擁有大智慧的人，也會遇到不好解決的難題，但只要學會面對挫折，把阻礙和逆流當成一種磨練，敢於克服挫折，經歷過後便會成長。

對於那些欺騙、傷害過你的人，你不必怨恨，因為是他們磨練了你的心智，增長了你的智慧；對於那些欺辱藐視你的人，你不必記恨，因為是他們點醒了你的自尊，鍛鍊了你的理智……很多時候，我們其實都低估了生命的承受能力，人總能在遭遇重創之後重新站起來，通過汲取經驗而茁壯成長，知道自己比想像中要更加堅強更加堅韌。

所以，無論我們正在遭遇什麼，現在所處的是順境還是逆境，都不要浮躁或怨恨，應保持一顆從容平和的心。自怨自艾或怨天尤人並不能幫助我們，而只會令我們一蹶不振。

只要用一顆平常心看待所遭遇的順境逆境，那麼人生就沒有過不去的事。

◇開悟箴言

人們總是以為某些事物是永遠不變的，所以才會感到痛苦憂傷。如果知道花開易謝，這是無常的事情，那麼當你看到一朵花凋謝時便不會太難過；但人們通常不能接受親人的去世，因而悲痛萬分無法自拔，那是因為太過執著，感情投入得太多因而害怕失去。

多學會看待一些無常的事情，要知道萬物都有一扇門，這扇門都為變化敞開——只有敢於看透事物無常的本質，我們才會盡最大努力過好現在，珍惜現在，善待現在，使自己和身邊的人過得更快樂、更積極。

人富有智慧就能學會控制情緒，舒緩悲傷喜怒，會在無常的變化中尋找到生命的真諦，會讓每一天都洋溢著幸福和歡樂。

我們應當學會用安詳的思緒控制行為，正確面對突如其來的事情。當眼前一切順遂時，我們不能放下警覺心與危機感；當眼前一切糟糕時，我們也不要喪失信心和堅毅。無常的現實誰都必須面對，因而無需嫉妒羨慕他人，他人困窘時你並不會知道。

人生在世，不乏有許多掌控不了的事情，其中有些更是無法回避的無常之事，阻止不了也防範不了。然而有些東西是可以尋求或修煉的，例如平和的心境，開闊的胸襟，和順的涵養。

我們要學會順境中把握當下，逆境中活在當下。

不要過度地固執己見，這樣容易將思維逼進死角，鑽牛角尖，從而給自己造成心理壓力，甚至留下不良的心理陰影。當環境和現實讓自己難於承受時，不如轉變一個念頭，改變一種角度來看待眼前的事，說不定就能夠柳暗花明，絕處逢生！

無常的事物人們控制不了，卻可以轉變自己的心態——以心轉境，只要學會控制心境，由心境來改變有限制的作為，命運就又把握在自己手中。

胸襟開闊涵養存心，方無疑慮和畏懼

以和氣迎人，則乖沴滅。以正氣接物，則妖氣滅。以浩氣臨事，則疑畏釋。以靜氣養身，則夢寐恬。

——弘一大師

弘一大師曾提及一則《世說新語》的故事，說的是南北朝時的一位名人石勒。石勒非常有權勢，便有許多人畏懼於他的權威，以為狼虎。但是有一位名叫佛圖澄的高僧並不畏懼他的權勢，還得到石勒的尊敬。

佛圖澄有時會與石勒的養子石虎相交，舉止言談之中，石虎對他很是敬仰，伺候石家的其他人也都對佛圖澄十分尊敬，覺得他是得道高僧。

佛圖澄是什麼人呢？他原本是西域的高僧，於西元三一〇年跋山涉水來到中國，傳教途中遇見石勒，受到了石勒父子的盛情款待。後來，佛圖澄還支持石勒稱帝建立趙國，對石虎也有不少幫助。

某段時間，石虎對待自己的臣子非常毒辣，懲罰很重。有一次，大司馬燕公石斌犯了過錯，因為在擔任幽州牧期間糾集暴徒滋擾百姓，在幽州肆虐無度，引起了民憤。這件事被石虎知道了，他立刻派人將他抓起來重打了三百鞭，然後殺掉了石斌的母親，還要圍捕殺害石斌的部屬幾百人，手段太過狠毒。

佛圖澄知道了這件事連忙趕去勸阻，告誡他不要如此兇殘，對待無辜之人還痛下殺手。當時的石虎已經殺紅了眼，但因為他對佛圖澄很是尊重，所以耐心聽完了他的勸告，終於停止了殘暴的殺戮。

佛圖澄並不畏懼石虎，即使是在他暴虐之心驟起的時候也毫不害怕，努力去勸導、感化石虎，使得他的暴威慢慢變化為柔順，達成了目的。他之所以不怕，是因為他沒有一點私心和欲念，不擔心自己會失去或不能得到什麼，也就不會驚慌失措，並成功勸說了石虎。

一個人如能做到像佛圖澄這般無念無心，對周圍的人物都不會產生敵意，胸襟開闊以和氣迎人，就自然能夠沒有畏懼，還能使暴性之人服從於自己，尊敬自己，甚至共在一塊遊樂。

可見心態平和，胸襟開闊對人的益處是極大的。

這樣的人在面對危機時可以坦然處之，從來不會驚慌失措，而他從周身散發出來的祥和之氣可使得妖氣泯滅，兇暴之人得到感化。

某一次，祇陀園寺院迎來了許多比丘，如此宿舍就變得不夠了。小沙彌羅侯羅知道了這件事，就立刻將自己的房間讓給了比丘，自己則睡在了佛陀精舍外。這時的羅侯羅年僅八歲，但他修行不錯，已經證得了阿羅漢果。

看到了這一切的魔羅毗沙維提頓時生出了罪惡的想法，看著躺在精舍外的羅侯羅心中念叨：「這個就是佛陀的兒子，他自己躺在精舍裡，卻讓兒子睡在外面，要是他的兒子受到了傷害，不等同於他自己也受到了傷害嗎？」

魔羅毗沙維提便變幻成了象王，用長長的鼻子纏繞住羅侯羅，並對著他大吼大叫。但是，羅侯羅並沒有受到驚嚇。

佛陀在精舍裡覺察到魔羅毗沙維提的作為，對他警告道：「魔羅毗沙維提，即使有十萬個你，也不可能讓我的兒子受到驚嚇，因為他已經無怖畏，無六根之欲，是個神勇並充滿了智慧的人！」

佛陀為此還誦出了兩段偈子：達究竟處無畏，離愛欲無垢穢，斷除生有之箭，此為彼最後身。離欲無染者，通達詞無礙，善知義與法，及字聚次第，彼為最後身，大智大丈夫。

魔羅毗沙維提聽了之後立刻就消失了。

此後，很多人在聽取了佛陀的這段開示後，都證得了阿羅漢果。

人的畏懼和疑慮都是從內心生髮的，他的畏懼和疑慮有多大，與他個人的胸襟大小是有密切聯繫的。就像這位年紀小小的羅侯羅，正因為他心胸廣闊，心態平和，沒什麼欲求，外界也就沒有什麼可以使他恐懼害怕的。

弘一大師更是身體力行地提倡主張這一點，認為人應當心平氣和地待人處世，做事要光明磊落，身存浩然正氣，光風霽月，這樣自己的心靈也會安詳平靜。不做虧心事，夜半敲門也不驚，有這樣胸襟氣度的人自然就不會疑心生暗鬼了。

世上的誘惑和危險很多，但只要做人正派，心境光明，畏懼和疑慮自然也會逐一消滅。

胸襟的大小還決定著你能居住在一個什麼樣的地方，事實上，人所居住的地方不在於具體地點的大小，而在於其胸襟的開闊程度：例如胸襟開闊之人，即使席地而臥也能感受到法界在我一心的境界；如果是胸襟狹隘之人，即使他住在豪華別墅之中，也會感覺事事不順心，人人難相處。

可見胸襟開闊是為心靈良藥！

◇開悟箴言

世上的一切皆不是獨立存在的，都猶如夢幻泡影，如幻似真，在虛幻多變的環境中我們能衷心護衛的唯有自己的內心，讓內心強大起來才能更好地面對整個世界，因而人的胸襟應有容納得下萬物眾生的氣度。

要想胸襟開闊起來，可以修煉自己的本元心。本元心便是空寂靈知之心，這樣的心境指的是我們懂得享受當下、經歷當下，而不是陷入其中。身處這樣的心境可以讓我們了然一切變化，恍如明鏡。胸襟寬一分，人的心靈就多一份靈性，能夠像鏡子一樣朗照萬物。

如果你身處很嘈雜危險的地方，可以心念佛經或座右銘，幫助自身回歸寧靜、快樂的情態，不被外界所擾，只專注於自己的內心。

外界發生的一切都是紛擾，如果你會輕易地被擾亂，說明你的胸襟還不夠寬廣，心還不夠空寂。

每個人都可以是質樸簡單的，凡夫與聖人同樣能夠擁有寬闊的胸襟。度量大了，容納力大了，我們便能化解一切畏懼與懷疑，逐漸觸摸真理，徹悟人生意義。

自身修持清淨超脫，對待他人不可心量狹窄

心有容，德乃大；必有思，事乃濟。自處超然，處人藹然。

——弘一大師

老先生是位畫家，他名聲不大，天下像他這樣平凡的畫家數不勝數，但有他這樣心量和胸襟的人卻並不多。

老先生當初曾遭遇過劫難，在某段歷史時期被打為「反動派」。事情來得很突然，當時有一位工廠裡的主管常常找他討教問題，卻不料就是這個人告發說他的一幅畫存在不清不楚的問題，使得他被關入監獄，後來被送到勞改農場進行改造，期間生了一場大病，差點一命嗚呼。

好在他勞改結束之後，事情得到了平反，後來的生活總算平穩很多，還擔任了縣政協委員，甚至做到副主席。這時老先生在縣裡已經算是位高權重了，但他一直沒有報復當初那個告發他的人，對於當年的事也隻字未提。

過去誣陷他的人如今已經是某局主任，對於自己曾經犯下的過錯，他一直於心難安，擔心老先生遲早要找他算帳。

不久之後，兩人不可避免地在縣政協的一次座談會上相遇了，這個主管是參與者，老先生則是座談會的主持人。

這位一貫健談的幹部，在這次座談會上卻始終沉默無語，不敢發言，更加不敢抬頭與老先生對視。他沒想到的是，在座談會臨近結束的時候，老先生語氣平和地說道：「請××局的×主任來說說

看法吧！」

那位主管陡然一愣，有些愕然地看著笑容可掬的老先生，好半天才反應過來。在老先生的好言鼓勵下，他方才放下心來，開始侃侃而談。等他發言完畢，老先生還連連說好，大加褒獎。

此後不少知道原委的人都十分佩服老先生，覺得他不計前嫌、寬容大度。

但也有不少人不理解他，便問他心裡難道就不恨嗎？

老先生這樣回答他：「要去恨一個人，必定要投入很多憤怒與痛苦，還會消耗很多的時間與精力……對於我來說，這樣的成本實在太大了，我支付不起，所以我放棄了仇恨，而選擇了原諒。」

仇恨會讓人心變得狹隘，狹隘之人如何會擁有暢快的人生？正如這位老先生所說，恨一個人所需要的成本和代價是極高的，我們為何要為了別人而浪費與虛度自己的一生呢？讓心寬敞一點，多一分容納，世界在你眼前會變得更為寬廣美好。

佛陀在一次開示會上，曾為弟子講述了阿耨樓陀尊者的妹妹，公主羅西尼的故事。

阿耨樓陀尊者有一次回到迦毗羅的尼柯達園，聽聞這個消息，他所有的親戚都來探望，唯獨缺少他的妹妹羅西尼。他問了問便知道了，原來自己的妹妹患上了痲瘋病，但他對此絲毫不介意，派人將羅西尼召喚了過來。

公主羅西尼用衣服蒙起臉，才敢來探望阿耨樓陀尊者，阿耨樓陀看到她的情況，決定幫助她，就對她說：「羅西尼！你多做些善事吧，變賣你的一些衣服與珠寶，用這些錢供奉僧團並建造一所齋堂吧！」

公主答應了，照著阿耨樓陀尊者的話去做。同時，阿耨樓陀尊者也讓其他親戚幫忙籌備錢財來建造大殿，讓他們也行善。

當大殿開始修建時，阿耨樓陀尊者對公主說：「羅西尼！在建造期間，你應每天到工地掃地、打水……盡自己的一份力。」

公主羅西尼遵照尊者的要求做完這些事，身體居然慢慢變好了。

不久之後大殿建造好了，公主邀請佛陀和眾比丘前來用餐。用餐完畢後，佛陀想見一見大殿的捐獻者，公主並不敢相見，佛陀便請人去召喚公主到了近前。

佛陀問公主：「你知道自己為什麼會患上這樣可怕的疾病嗎？」

公主說：「世尊，我不知道。」

佛陀便告訴她：「羅西尼，你之所以會患上這可怕的麻瘋病，是因為前世因嗔恚犯下了惡行，報應顯示在了今生。你前世是巴拉納西國的王后，因為嫉妒國王對一名舞姬寵愛有加，心胸狹隘不能控制，就命人把癢粉撒在這名舞姬的床上。然後你召見了舞姬，裝作對她開玩笑的樣子，往她身上撒了許多癢粉，這使得舞姬全身奇癢無比。她覺得難受只得趕緊回到自己的房間，沒料到床上有更加多的癢粉，她變得更加痛苦……正是因為惡行，你今世才得了麻瘋病啊。」

佛陀就此機會對眾人開示道：「對待他人不應心胸狹隘，切勿因為憤怒而做出一些愚癡的行為，更不要對他人懷有嫉妒與敵意。」

隨後他誦出了一段佛偈：捨棄於忿怒，除滅於我慢，解脫一切縛，不執著名色，彼無一物者，苦不能相隨。

聽了佛陀的話之後，很多人都證得了初果，公主也是如此。同時，公主的痲瘋病也好了，皮膚變得光滑白皙，容貌恢復了過去的光彩照人。

私心太重，與他人的關係不和諧，會導致痛苦和煩惱的產生；嫉妒怨恨，不懂得清淨超然，會導致內心被外物所束縛。

因而弘一大師常常說，人應當學會自處超然，如此才可以從物質的欲望中解脫出來，並在與人相處時多一些忍耐、包容、坦然、淡泊。

超然一方面指的是人高超出眾的品德，另一方面還包含著離塵脫俗的意思。離塵脫俗並非說的是必須與世隔絕，而是說一個人自己要修持，要清淨超脫，儘量不要被物欲所牽累、束縛了。古人有句話說得極妙：淡泊以明志，寧靜以致遠——這便指出了超然的含義。

自身修持提高起來絕非易事，但真正要做起來、說起來就是從改變自己的心態開始。每個人的人生不過短短數十年，有長壽者可達百年，那是前世修來的福氣，也在於其自身善於修養身心，才能使得身心健康。長壽之人的心態一般都是極好的，每天快樂生活，從不鬱鬱寡歡，也無非是凡事想得開一點，凡事看得淡一點，也就不會被外物的不良之氣所影響。

在生活中每個人都難免會遇到令人不高興或是憤怒的事，這時不如多學學彌勒菩薩的肚量，多學學弘一大師的超然，多體悟什麼是內心的平穩和安靜，讓自己的不快之氣在不知不覺中就消散過去，把心靈的通道拓寬一些。

每個人都有每個人的幸運或者不幸，待人多和藹友善，摒棄狹隘的私心，誰都有可能抵達清淨超然的境界。

◇開悟箴言

許多人的痛苦煩惱都來自於與他人的關係不和諧，如果與大部分人都相處不好，應該是你自身的問題較多。

人因為有私心情欲，所以才會有嫉妒、怨恨、厭惡等心理狀態的出現，如果私心輕一些，多關愛別人一些，多站在他人的角度考慮一些，我們的執念與困惑會消減很多。

對人寬厚，就是對自己寬厚。

如果世上的所有人都不願理解別人，與他人相處時只想到自己，那麼矛盾、爭端、戰爭便無法避免。有時，我們只需要多創造一次溝通的機會，多給對方一點改正的空間。

想一想，我們是否能夠誠實地面對自己，我們是不是對自己的愛超過了對父母、兄弟、姐妹、朋友的愛？如果是這樣，你還有什麼道理說別人待你不夠好。

人不應該自私地只愛自己，這樣的私心與執著正是諸多矛盾的根源，導致我們不能平等寬厚地去對待身邊的人和物，甚至對於我們最重要的親人，也不能付出真心實意。這是危險的品性，遲早會傷人害己。

與人相處時，我們要儘量尊重別人，接納別人，敞開心扉去包容別人，不要只著眼於自己來思考，如此可使我們的生命喜樂、人生美好。

無事時心存明鏡，遇事時果斷處理

無事時常照管此心，竟然若有事。無事如有事，提防才可弭意外之變。

——弘一大師

很久很久以前，有個想用野獸做祭品的婆羅門教徒。

這天，他在山裡捕到了一隻山羊，正準備回家，在路上遇到了三個騙子，但他並不知道這三個人不懷好意。

騙子們看到婆羅門的山羊，私底下商量說：「來，我們商量一個圈套，今天就能有羊肉吃了！」他們便湊在一塊偷偷商量好了然後散開，準備欺騙這位婆羅門教徒。

首先，第一個騙子走了過去，對婆羅門教徒說：「喲，你肩上的這條狗看起來很不錯，它肯定捕殺過不少兇猛的獵物吧！」話一說完，他就馬上走開。

婆羅門教徒聽了覺得奇怪，心想這傢夥在胡說什麼，我分明背著一隻山羊啊！

接著，其餘兩個騙子也走到他面前，對他說道：「啊！你這個教徒行事也太離譜了？你瞧瞧你自己，你身上佩戴著神聖的祭繩、念珠、水缽，還有那額前的聖點，但你的肩上卻有一條狗——這簡直太奇怪了！嘖嘖，但這條狗當真不錯，以前肯定捕殺過許多兔子、羚羊和野豬。」說完，他們也立刻走了。

婆羅門教徒聽了他們的話覺得更加不解，心裡疑惑，便把這只捕來準備做祭品的山羊放在地上，決定弄個清楚。他再次仔細地觀察這只山羊的耳朵、角和尾巴，還有身體的其他部位，這才放下了心：這三個傢夥也太蠢了，居然會把山羊看做一條狗？！他便把山羊繼續背在肩上，依照原訂計畫趕路。

不一會兒，三個騙子回頭對婆羅門教徒大喊大叫起來：「哎呀，你離我們遠一點，不要靠近我們！你這個教徒啊，表面看起來很純潔，還是什麼婆羅門教徒？但是你卻與狗接觸，什麼教徒，我看你遲早會變成一個獵人！」說著說著，他們嚷嚷著走掉了。

看到他們這樣大的反應，婆羅門教徒再次疑惑起來，自己問自己：「這究竟是怎麼回事啊？他們三個人為什麼都說這是一隻狗，如果只是一個人說也就罷了，但是多數人的意見難道也是錯的嗎？說不定真的是我自己弄錯了，這或許真的不是山羊，而是一隻狗吧。莫非它會千變萬化，所以才讓我看起來是一隻羊，卻在他們面前變為了狗身？」

婆羅門教徒頓時嚇得不敢再看這只山羊了，趕緊扔下山羊就跑。

這一下，他的行為正中三個騙子的下懷，看他跑遠了就走出來，把山羊立刻拖走，當晚就宰掉吃了。

如果不是修行不夠，平日就不夠相信自己，這位婆羅門教徒怎麼可能輕易被他人的話所矇騙？人生在世，難免會遇到有人存心玩弄自己、欺騙蒙蔽自己，因此我們平日一定要堅定意志，鍛鍊自己的內心，積累成熟高遠的想法，做一個有智慧的人，如此就不會讓別人的陰謀得逞。

「凡事預則立，不預則廢」，這是古人早就領悟出來的道理，可見日常的學習修練何等重要。在平時準備得妥當了，當有事情發生時就不會慌亂，能夠隨機應變、當斷則斷。

弘一大師尤其主張人不可懶惰，那種因循度日、安逸享樂的想法不僅容易消磨人的意志，更容易使人變得懶惰懈怠，不思進取。無論是什麼事情，功夫都是做在當下的，等到有事時臨時抱佛腳那就來不及了。更會讓人的能力智慧下降，心理承受力減弱。防患於未然，常常保持警覺心，正可以從容調整預備，彌補不足；更能充實自己，深思遠慮，提高應對突發事件的能力。日日這樣充分準備，真正有事情發生的時候，就可以做到忙而不亂，條理清晰，井然有序。

弘一大師認為當事情來的時候，應當戒除慌亂無序，心態首先要鎮定平和，不能突然之間就慌亂了，必須思路清晰，才能正確地處理好事情。這種及時應變的能力如何才能養成呢？這就需要我們平時努力用功，在諸多方面都做足準備，行事周全，一絲不苟。如果我們在平時就行為懶散，學思不勤，怠於思考，做什麼小事都沒有任何條理，那麼當真有大事到來時就必定會心思散亂！

無事如有事，這就是教導我們平日辦事時就應當如臨大事，不可秩序混亂，更加不能雜亂無章，否則又如何在面臨大事時能夠成功？要恪守這一點，我們平素不僅要克服心浮氣躁的不良習氣，還要心平氣和、提前計畫。

只有平時自處從容，勤於修養，保持內心的平和、謹慎與勤勉，遇事時方可不亂，在最快時間內做出最正確的決斷。勤奮修身鞏固內心是因，遇事不亂才會是果。弘一大師告訴我們只要自身的功夫得力，平時心定神閑，當有急事需要處理時就不會粗心疏忽了。

未雨綢繆，心存明鏡，才能在萬變世事中處變不驚、當機立斷。

◇開悟箴言

每個人心裡要有一桿秤，一個原則，一條底線，如此才不會受到他人左右，被他人幾句話一挑撥，就改變了自己的想法或決定。

別以為臨時抱佛腳是聰明的行為，殊不知一個沒有主見的人最容易被人拐騙與坑害，哪怕他是你身邊親近之人。

臺上一分鐘，台下十年功，功夫深不深要看現在，無論想達成什麼目標，任何人都沒有捷徑可走，在佛學的道路上也是如此，更何況是其他事情呢？

不管處理任何事情，最忌諱的就是心情急躁。如果遇到事情就變得急躁，那麼安排自己都來不及，如何還能從容辦事呢？因此，我們在平時就要努力鍛鍊自己，不要在一點瑣事上都會變得急躁。

一蹴而就的成就和能力宛如曇花一現，只是你瞬間的運氣或福緣。相反，每日都積累福緣的人在關鍵時刻才不會遭遇劫難與厄運，能從泥濘中獲得解脫。

閒暇時多多思考，做些有意義的事情，例如讀書靜坐、幫助他人……讓自己的心在平日就豐盈起來，不要貪圖安逸與享樂，這樣才能漸漸走向心存明鏡的境界。

如意時淡泊不染，失意時泰然處之

有事時卻放下此心，坦坦然若無事。有事如無事，鎮定方可消局中之危。

——弘一大師

佛陀在某次開示會上，講述了在一組比丘身上發生的故事。

有一組比丘準備去進行夏安居，在此之前，他們去參謁佛陀，在佛陀那兒得到了禪定的修行法門，這才到樹林裡開始修行。

開始修行之後，這組比丘的進展十分緩慢，他們想了想，就打算回去要求佛陀給予他們一個更適合他們修行的法門。回去參謁佛陀的途中，他們忽然看到了幻景，一時間不能醒悟，就不由自主地想起幻景。

這組比丘走進了寺院，這時天上正下著傾盆大雨，比丘們看到雨滴從天上落下，隨即就在地上濺起了水泡，但是水泡馬上就消失了。

看到這些水泡的情景，比丘們突然有所覺悟，自言自語道：「我們的肉體就好似這些水泡一樣，剛一出生就滅亡了。」他們暫態就領悟到，佛陀所言的五蘊無常。

他們便不去參謁佛陀了，就此開始隨處打坐，不一會兒就進入禪定的境界，逐一從外界的幻境中來察覺自身軀體的無常，漸漸地，他們就此遁入了微妙觀想境界。

佛陀此時坐在精舍中修行，已經進入了大禪定，他在禪定之中發現了這群比丘即將證得阿羅漢果。為了開示他們，佛陀立刻用自己的神通發出一道金光，使得自己的身影呈現在他們眼前，並誦出了一段佛偈：視如水上浮漚，視如海市蜃樓，若人觀世如是，死王不得見他。如此，這一組比丘順利得到了阿羅漢果。

佛學經典的精髓之一便是無常，萬事都無常，無常即改變——世上的任何事情都可能變得更好或更壞，如果我們都不瞭解無常，將會變得非常痛苦，會因為人世的無常而感到無法自處。只有人瞭解到無常，才會明白凡事有得失，此一時得到彼一時失去，都是有可能發生的變化，為什麼還要因為無常而覺得心虛難安？

曾經有這麼一個年輕人，他因為犯法被判處了終身監禁，在監獄裡他鬱鬱寡歡，過了不久就喪失了活下去的勇氣。

他決定結束自己的生命，在臨死之前，他開始回想自己活在世上這麼多年相處過的所有人。他想起了自己的家人親戚、同學老師、朋友鄰居……想記憶中是否曾有人對自己說過一句讚賞鼓勵的話，抑或是溫暖的話。然而他想了很久，卻一句話也想不起來，心情相當低落。年輕人陡然覺得自己過的這二十幾年根本是虛度光陰，他急切地想知道是否有人曾經真心關懷過自己。這時他忍不住想，如果能有一句，哪怕只有一句溫暖的話，自己就不自殺了，願意為這一句話活下去。

很久很久之後，他總算想起了中學時自己交了一幅塗鴉作品，當時的美術老師對他說過一句話：「咦，你這幅畫畫的是什麼呀？嗯……別的不說，色彩還挺漂亮的。」就是這句讚美他的話，讓他找到了希望，打算勇敢地活下去。

年輕人的心靈從此明亮起來，不再失意，努力在監獄裡改造，後來勤奮學習，成為了一位作家。

人在一生當中，不是如意便是失意，不是得便是失，不可能一帆風順。在如意與失意之間，在得失之間，人就度過了一生，如果因為一時的得失與如意失意而喪失自信，或是放棄人生，實在是太過輕率。

有時候，人們心中會感覺到如意或失意，其實是因為心態不夠平和淡泊罷了。

例如一個乞丐突然在某天得到了一百美金，他就每日期望有人給自己一百美金。如果他瞭解無常，就不會如此想，也就不會患得患失，心懷焦慮，反而過不好日子。那麼他在沒有一百美金的日子也能處之坦然，安之若素，能夠很好地計畫並利用這一百美金，好好的過一段時間的好日子。

弘一大師不會要求乞丐不去接受那一百美金，但是期望人們能夠保持心態泰然，遇到好事壞事時要心情平靜，不要太過欣喜，也不要太過沮喪。

你要讓自己沒有標準，看淡這些得得失失，如意失意。

既然萬物無常，我們常常會遇到這樣的事情：有時此間得，彼間失；有時此時得，彼時失。現在得而復失，將來失而復得；現在如意順心，將來失意倒楣。得得失失，如意失意，一生很快就過完了。

我們為何不學學弘一大師的境界，看淡富貴，看輕名利，看小這個世界呢？弘一大師在人生最鼎盛時期出家，放棄已經擁有的社會地位、家庭財富；釋迦牟尼佛為了修行，拋棄王位，丟掉金玉之寶，拿著缽去四處化緣，最後成就了無量功德。我們不得不佩服他視功名利祿如糞土，將大千世界看做蓮花一瓣的廣闊心境。

對於擁有這樣廣闊心境的佛祖而言，他心中還有如意與失意嗎？自然不會，一個心境平和開闊的人，從來不會因為一時的得失而狂喜或消沉。

即使是成功者，他們也不可能一輩子都順利如意，並不是說他們能力多麼強大從不會失敗，而是因為他們每次失敗都能夠爬起來，善於調整自己的心情，保持一種積極向上的優良心態，鎮定自若，自然能就地爬起再接再厲。

因此，弘一大師也尤為主張，有事時應當放下煩躁的心，心態要像坦然無事時一樣；一旦有事就應當像無事時一般，鎮定不亂才能消弭面前的危機與困難險阻。

若能把心態穩住，順其自然就可找到修行的最佳下手處。

如此一來，我們即使處於狂風暴雨之中也能看到天上美麗的彩虹。如意失意都是短暫的，只要日常學會修心，該坦然時坦然，該鎮定時鎮定，淡泊一些，就算一敗塗地又有什麼關係，我們依然擁有美好的將來。

◇開悟箴言

人要學會時刻保持一種良好的心理狀態，不因暫時的失敗而沮喪，要拿出從頭再來的氣勢。

有些時候人們遭遇的如意失意是不可預知的，這與開悟完全不可預約的特點是如出一轍的。所以我們不要以為可以預防失意的情形，當失意到來時先應穩住心態，切忌慌亂恐懼，由觀心開始安靜思考，不為失意之事所影響也就不是難事了。

淡泊是一種微妙的心境，不是刻意求來的，在我們漫不經心的時候，內心的清淨境界自然就出現了。最好是不要太執著壓制自己的心情，當不良情緒到來時要紓解出去，因為疏好於堵，當你學會了紓解之道，淡泊的感覺就慢慢有了。

不管當下的心態是好或不好，念頭若是出現了你不要特意壓制它，更不要追逐它，否則便是妄上加妄。泰然平淡的境界有可能轉念之間就失去了，所以極不容易積累，有時越想抓住偏偏越抓不住，所以我們不應當急於求成。

人不應當過於以自我為中心，若是常常聽不進別人的話，處處自我，不如意的心態會變本加厲。在我們面對他人勸誡或意見時，要嘗試認真傾聽，細心思考。

第三章 持躬卷

信仰行動，執著善行進入生命之流

信仰，不是一種被動的生活態度。相反，真誠的信仰意味著主動、積極和健康向上。生活要潔淨要康泰，需要我們執著善行，且行且珍惜。生命的河流有多長，不是哪個人說了算，要看我們的修行，要看我們對人生的領悟和態度。由善行出發，能使我們踏入這條河流不會被浮華繁亂所沖走，河水也是一面鏡子，能映照我們的所作所為，反射出世人種下和得到的所有因果。如若能夠秉持最純粹的那份信仰，讓善念像一顆種子紮根在內心深處，那麼，靜待菩提花開，想必也不會是一件永遠達成不了的難事。

凡事當適可而止，做到遊刃有餘

人家最不要事事足意，常有事不足處方好。才事事足意，便有不好事出來，屢試屢驗。

——弘一大師

有一隻癩蛤蟆住在一個大池塘旁邊，他的家就建造在肥沃的濕地裡。每天，他都會張開自己那張大得出奇的嘴巴，想要吃東西，只能吞下一小點的泥土，但是根本吃不飽肚子。

不知為什麼，這只癩蛤蟆的身體變得越來越消瘦。

這天，濕地來了一隻金龜子，他玩耍了一會遇到了癩蛤蟆，看著癩蛤蟆滿身皮包骨的模樣，覺得奇怪，就問：「蛤蟆大叔，您怎麼這麼瘦呢，是不是生病了？這樣可不行，您不如趕緊找個醫生檢查一下吧！再這樣下去，您的身體會越來越差的。」

癩蛤蟆聽了微微一笑，無奈地回答說：「金龜子小兄弟，多謝你的好意！我其實沒有什麼病，只不過總是餓肚子，所以才這麼的無精打采。」

金龜子知道之後驚訝地喊道：「蛤蟆大叔呀，我看您平時就是吃泥巴啊，這裡的泥巴這麼多難道還不夠您填飽肚子的嗎？您怎麼不多吃一點泥巴呢？」

癩蛤蟆嘆了一口氣，告訴他說：「唉，金龜子小兄弟你想得太簡單了，濕地裡的泥巴雖然多卻是不會長的，我每天吃一點就少了一點，這樣下去我很擔心將來的哪一天，這裡的泥巴會被我吃光了，為了將來，所以現在只好省著吃哪！」

金龜子頓時笑起來，覺得癩蛤蟆太過杞人憂天了，便說：「蛤蟆大叔，這地上的泥巴是您幾輩子都吃不完的呀！」

節省是好事，但為將來估計不到的事情而節省，實在是「太過」了。

世上的萬事萬物，其實都遵循著一個「限度」而經歷生死，若是平日人們辦事都不顧這個「限度」，不知道適可而止，那麼必然會適得其反。

就如這個小故事裡的癩蛤蟆，牠節儉本來是一種美德，當牠周圍的物質匱乏不足時，崇尚節儉的行為確實是很有遠見的。但癩蛤蟆的節儉卻超過了一定的「限度」，每天吃不飽甚至達到了危害生命的地步，這樣過度節儉還有什麼價值？現在每天都吃不飽，很快就會命不久矣，那留著滿地泥土還有什麼用？

好像那些整日掙錢為了防老的人，因為掙錢而不顧珍惜身體，一旦身體頃刻垮塌要那麼多錢又有什麼用？

弘一大師認為，無論做什麼，有什麼追求，凡事還是要講究一個合適的「限度」。

唐朝有一位宰相名叫李義琰，他是個兩袖清風的人，自己宅子裡的房舍都有些破破爛爛了。他的弟弟聽聞了這件事，便私自做主給他購買了修繕房屋的木料，打算讓他好好蓋幾間房子。

李義琰得知了這件事，把他弟弟找來訓教道：「弟弟，你糊塗！國家讓我擔任宰相一職，已經是對我恩寵有加，我每日都心懷慚愧地努力工作，生怕出現什麼差池。怎麼還能建造富貴的房舍，使得罪過和禍害更快地到來呢？」

他的弟弟不以為然，勸他說：「哥哥，你迂腐！天下僅僅是擔任地方丞、尉的人就有不少，他們都能擴建宅邸房屋，你高居宰相，怎麼能住在如此窄小的房屋中呢？」

李義琰語重心長地回答他道：「弟弟啊，你該知道人在一生中希望實現的事情很難兩全，是不可能在兩件事上獲得同樣鼎盛的。如今我已經身居顯貴，還不收斂，私自擴建宅舍，如果不是我尚且有賢良的品性，今後必定會招致災禍的！」

就是這樣，他始終沒有答應擴建房屋。等到後來弟弟給他買的木料腐朽了，便都扔掉了。李義琰雖然沒能住上富麗堂皇的房子，但卻養成了謙遜的美德，廣為流傳，他賢良宰相的地位也更為穩固了。

知道見好就收、適可而止，這樣的策略顯然相當高明。

弘一大師在修行佛學時也認為，人們不能要求事事都稱心如意，因為事事如意未必就是好事。古今中外無數的事實證明，事事滿意到達了頂點必然將產生不如意的事情。人們無論遇到任何事，其實都應當留下一定的餘地，儘量做到遊刃有餘，適可而止，這樣才不致於招致「盛極而衰」的結果。

日常之中，人們的體力精力有限，不可能全部付出，其他方面的付出也是同樣，不要做到了極限，做什麼都該把握有度，適可而止。

適可而止是一種讓生活平衡有度的良好態度，如果人們在心態上不懂得什麼是適當，其行為勢必將要失控，給自己或他人造成傷害。

有一位住在天津市的新郎官趙某，這天是他結婚的大喜日子。當日中午接新娘的轎車到達了，趙某很高興地準備去打開車門迎接自己的新娘，忽然被幾個跟隨來賀喜的小夥子攔住，開了個極為「嚴重」的玩笑。這幾個小夥子本是賀喜，卻一起連續五六次使勁摁住他的頭部，強迫他給新娘彎腰鞠躬。可是他們不知道掌握力道，用力過猛直接損害了趙某的頸椎，致使他的頸椎寰樞椎半脫位。趙某當時就感覺頸部非常疼痛，只得歪著脖子辦完了婚禮，隨後被送到醫院醫治。

據骨科醫生介紹，他們醫院已經接收了不少新婚青年骨傷患者，他們無一不是因為在婚禮上被人開了過度的玩笑而導致了骨頭折損或受傷的。

開玩笑過度可能傷人性命，可見我們在日常生活中也務必要注意適可而止。

弘一大師告誡人們，世上所有事物的存在與發展皆有「度」，無一例外，所謂的「度」就是指事物發展的質與量要有限度，要有關節點。事物只有時刻保持質和量的統一，才能不斷發展，如果超過了度的界限，這種統一就會遭到破壞，導致事物的性質發生改變，有時還是質的改變。而這種質的改變，往往會造成不可挽回的後果。

◇開悟箴言

做事情不要太急切，因為過度的體力和精力透支會損害身體。

歡喜時不要大喜過望，悲傷時切勿悲慟欲絕，由於精神與情緒上的極端反應會造成精神上的無謂傷害。

做什麼都要多留餘地與後路，不要行事太滿，特別是在我們權衡進退得失的時候，需要牢記適可而止的原則。

為人貴在踏實平穩，中庸之道未必沒有大道理。

平日多修行，讓自己多些本事，增強自身能力，遇到事情時才能遊刃有餘。

才華不可膚淺外露，大智若愚為佳

聰明睿智，守之以愚。餘下劣凡夫，安分守愚，平生所務，唯是南無阿彌陀佛六字。今老矣！倘有問者，必以此答。

——弘一大師

有這樣一個故事，說從前有一個人，期望得到皇帝的歡心，就問人家說：「我怎樣才能討好皇帝呢？」

這位路人甲想了想，對他說：「嗯，如果你要得到皇上的歡心，就該處處學皇上的樣子。」

這個人就跑去晉見皇上了，一邊看著皇上的舉動，就想要學皇上的樣子來行事。這時，皇上剛好在不停地眨眼睛，這人也就開始不停地眨眼睛。

皇上看到了他的行為，覺得很奇怪，就問道：「你的眼睛有疾病嗎？是眼睛癢，還是被風吹痛了呢？」

這個人自以為聰明地回答道：「皇上，我的眼睛既沒有疾病，也不癢，也不曾被風吹痛。我是想要得到皇上的讚賞和歡心，就處處學著您的樣子，所以您剛才在眨眼睛，我也在眨眼睛。」

皇帝聽了非常生氣地喊道：「滾，你真是一個愚蠢的人！」說完，命人把他痛打了一頓，趕出了宮外。

這個人百思不得其解，不明白皇上為什麼說他愚蠢，就走到一座寺廟前，問一位修行的僧人：「為什麼我處處學著皇上的樣子，卻得不到他的歡心呢？」

僧人反問他：「如果你走在路上，後面跟著一個人，你往左行他也往左行，你上坡他也上坡，你摔跤他也摔跤，你挖鼻屎他也挖鼻屎，你會感到高興嗎？這樣一個人，又討得了你的歡心嗎？」

這個人頓時點點頭，了悟道：「我好像有些明白了……」

凡事偏聽偏信，不主張，不思考，自以為是的作為，其實是最為愚蠢的。

好似，有些人願意聽聞佛法，想要親近佛法並修學，卻始終不明白佛法的基本原理，還故作高深以為有所修為，將自身理解的東西片面地說與他人聽，是任意妄為，也是真愚鈍。

想當年如來佛祖為普度眾生，對於艱深的道理，他往往能想出種種方便易懂的辦法，有時還故意說些逗引眾生的淺顯道理，或者是親自示現凡夫的行為和動作，都是為了讓眾生自己去領悟，從淺顯道理開始來領悟佛法的真諦。

佛祖還現受了「金槍馬麥」的果報，這也是為了給眾生作方便的示現，讓眾生可以循序漸進，來慢慢地體悟，而不是揠苗助長，將佛法的道理強加給眾生。可惜，竟有些人專拿這些示現來東施效顰，以為自己能與佛祖一般聰明睿智，結果由於他們並沒有專心研習佛法，使得所傳播的佛法流於了俗物與表面，失掉了真的悟證。

知恥近乎勇，不知者近乎蠢。這樣不懂得修養自身，體悟真實智慧的人，容易墮入三惡道而受苦。殊不知，佛祖的大智慧，可不是由眾生浮誇出來的。

而弘一大師之所以令人敬仰，在乎他有真實的本領，真實的人生歷練，從不欺騙眾生。法師俗名李叔同，是中國學術界公認的通才和奇才，更是中國新文化運動的先驅者，在書畫、音樂諸多方面都有極高造詣與建樹，但法師從不以此為傲。他與人交往講究平等，絕不以高人一等自居，嚴於律己，更加不會時不時就拿自己的學問來賣弄宣揚。

弘一大師在還未出家之前，有次給學生上音樂課，一群學生圍著他，觀看他彈琴。有個學生對他有所不滿，心情惡劣，不專心上課，出門時便重重地摔門，驚嚇到所有人。法師這時沒有訓斥他，而是立刻追上去，滿臉和善，只說：「請你今後不要如此。」說完，認認真真地給他一鞠躬。學生當即羞愧不已，幾乎說不出話來。

學生們有言，他的鞠躬比什麼都厲害。

看起來，弘一大師曾經的作為有些愚鈍，作為教師因何要給自己的學生鞠躬？況且，這個學生還犯了錯。有的人更覺得他傻。然而，弘一大師在當時就對處世為人有了深刻的領悟，認為要說服對方，不一定要用激烈的言辭和語氣。他的鞠躬是一種尊重，在他眼中，學生和老師是平等的，用這樣的行動來教導對方，是讓對方自省醒悟，這比簡單的批評更好。

這何嘗不是一種大智若愚的境界。

「大智若愚」常常別人以為玄奧，很多人以為這是做人智慧中最高最玄妙的境界。事實也確實如此。如果有誰能做到真正的大智若愚，那至少表明，他是一個對生活有足夠領悟之人，無論他身處何方，都可在人生的舞臺上立於不敗之地。

從字面上來看，大智慧即是最高的智慧，接近於「沒有」智慧，這種「沒有」指的是普通人不通過領悟不能瞭解。大智慧甚至有些接近於木訥，幾近乎愚。比如說，有些看似愚鈍的想法和作為，在通過歲月的沉澱和檢驗之後，才有人知曉和頓悟，原來不是愚蠢，而是真正的聰慧！

這樣可貴稀少的大智慧，不是過於外露的，過於外露的聰明依然稱不上最高等的智慧。俗話常說「聰明反被聰明誤」、「多智則謀」，就是告誡人們不要過分地把精力花在算計別人身上，那樣的人看似聰明，實際上遲早有一日反而會被人算計，得不償失。大智若愚這樣至高的謀略和境界，不可能存在於狹小的心胸裡，窄小的空間容不下海納百川的大智慧，這也就是為什麼鮮有人可稱為大智若愚之人，而弘一大師卻可以的緣故。

藏起來的是貨，露出來的未必就是寶。膚淺的只流於表面的東西，是經不起考驗的，只有歷經歲月而成的睿智，靜水流深，才能長遠地存在，變為人生的養分。

◇開悟箴言

不要把自己懂的一切都表露在外。

在別人還在猶豫爭吵、相互指責過錯的時候，我們應當默不作聲地思考如何能夠解決眼前的事情，完成當下的事情。

大智若愚的重要一環，是面對任何事任何結果，都能做到寵辱不驚。

「出頭的椽子先爛」，「槍打出頭鳥」，「木秀于林，風必摧之」，「人浮於眾，眾必毀之。」有時候，我們要學會在行為上保持低調，低調為人，這也是領悟大智若愚的過程之一。

天外有天，山外有山，世上總有強過自己的人，何必凡事都要一爭長短，博出一個高下？真正有大智慧的人從來不在小事上炫耀和吹噓自己，他們所作的都是平凡的小事，看似簡單，卻也蘊涵著充沛的內涵，不是所有人都能夠做到的。

你如果已經具有了真實的本領，可以開始韜光養晦，進一步完善自己，學無止境。如果你還沒有真實的本領，應該馬上學習，趕快準備。

一個人過分地顯露出精明的一面，可能會被人算計。為什麼我們不可以將「聰慧」藏起來，間接地表達自己的想法和觀念，讓他們去想，讓他們去悟呢？

最令人敬仰的智慧應當是這樣的，當人們與你相處時並不覺得你有多麼好，但一旦離開了你，就會馬上發現你的聰穎與高瞻遠矚。

大智慧是無形的，那些大肆宣揚的「智慧」都是可以學來的，只有通過日積月累的感悟得到的「智慧」才是能夠使人受用一生的。

不要老從字面上或他人的評價上來理解智慧，大智慧是不可外借的，但可教導並引導他人。如若真能達到大智若愚，受你教誨之人會由衷記得你的箴言，化為行動，而不是僅僅在口頭上給予你美妙的讚美。

切忌歇斯底里，情緒不可發揮到極致

聰明者戒太察，剛強者戒太暴。

——弘一大師

一位女士在一個下著小雨的黃昏搭乘朋友的車回家，當車子左轉經過十字路口時，突然冒出來一輛車子，竟從安全島對面的車道開始急速大轉彎，看那樣子，是想擠進他們的車道裡來。忽然出來的那輛車子很明顯是犯了嚴重的違規，實在非常危險，更何況車子還轉得那麼快。這位女士的朋友立刻剎車，這才沒有與那輛車撞在一起。

女士與朋友很生氣，在開車的時候再好的脾氣遇上這種情況也很可能口出惡言來。但因為這位女士在場，她的朋友按捺住了煩躁的心情，只是搖下車窗瞪著那個犯錯的人，想看看他準備怎麼辦。

「哎喲對不起，對不起！」那輛車的司機總算還自知理虧，馬上對他們道歉。

但是他說「對不起」的口氣很奇怪，說完了又怪聲怪氣地添上一句：「我剛才說了對不起哦，我真的說了哦！」

女士一聽也覺得心情很差，更何況是她的朋友了，一下子就怒氣上升，把車開到這人前面堵住了，這才下了車。

那個司機這時不敢下車了，就坐在駕駛座對他大喊大叫：「喂，我都說對不起了，你這人還想怎樣啊？」

結果兩人就此槓上了，直到交警來了才慢慢解決。

這簡直是態度最差的道歉了，雖然嘴上說「對不起」，但表達的方式卻全然像是挑釁。顯然那個司機知道自己應當道歉，也知道自己其實錯了，但情緒上他不願意道歉，於是道歉時古裡古怪，並沒有控制好自己極端的情緒。

弘一大師則用很簡單的話闡明這個道理。所謂聰明者，戒太察，指的是聰明人要戒除太過於明察的特點。聰明自然是人們的優點，明察原本也不是什麼過失，可是大師認為即使如此明察是非也要有限度，不要待人過分苛刻。因為在這個世界上人無完人，金無足赤，普通人所擁有的根器不同，不是每個人的領悟力都很強，有聰明的人就有愚笨的人，有善良的人就有奸邪的人，有廉潔仁厚的人就有刻薄的人，有性格柔和的人就有剛猛的人，對於種種不同的人，不應該用同樣的方法，不可一概而論。如果面對任何脾性特徵的人都無法掌控情緒，甚至歇斯底里，那麼問題是無法解決的。

眾生平等，我們面對他人理應多一些包容與忍耐，畢竟太過要求完美，太過明察的行為，會令人侷促緊張或者產生逆反意識，從而讓他們唯恐避之不及。換位思考一下，我們身處他人地位，同樣也不希望自身的缺點被人抓住不放，無所隱藏。

古人有云，水至清則無魚，人至清則無朋，也是這樣的道理。我們在為人處世時，情緒切忌表露得太過極端，否則就會漸漸流於刻薄多疑，被人以為咄咄逼人。所以弘一大師的觀念含義深刻，「聰明者戒太察」正是帶了一分渾厚與淳樸，蘊涵著仁心善德，與人自我審視的空間，反而是自信的流露。

另弘一大師師還認為「剛強者戒太暴」，是說秉性剛強之人要戒除過於粗暴的行為與性情。剛強原本是好的，是善，林則徐就曾說過：「無欲乃剛，不被物欲轉移，堅韌不屈，是立德進品的鋼骨，修身處世的原則。」但是倘若剛強者自己把握不好分寸，就容易流於偏激固執，發展下去就會變得殘忍粗暴起來，那樣在處置問題時極容易傷害到別人，當然也就給自己帶來無妄的災禍。而且對於那些性子過於剛強粗暴的人，人們無法不心存畏懼，退避三舍。如此，這樣的人即便本性善良敦厚，也不會得到眾人的擁護和愛戴，因為他的情緒行為本身很容易令人誤解和害怕。

如何掌控個人情緒才是正確無害的呢？弘一大師的見解與《論語》中所說的幾句話有異曲同工之妙，孔子就曾用玉來比喻君子的德行，認為玉有稜有角而不會劃傷物品，就此來說明君子儘管方正剛直但卻不會魯莽粗暴，傷害刺痛別人，這才是真正的仁義良善。

人們應當在平日儘量避免粗魯習氣，節制自己過於突出或極端的性格，這樣才不會在無意中傷害他人。

誰都知道過猶不及，因為人們在情緒激動時是不能及時克制自己的行為的，防衛心和攻擊性都會不由得加強，變得像刺蝟一樣逢人就扎，那還談什麼與人溝通、佈施行善呢？

從自身與他人的利益出發，我們都不應該任由自己變成一個銳不可當的野蠻人。

與人為善，就要學會抑制並控制自己的情緒。學會在不同情況下調節自己的情緒，實際上就是自然界的平常遊戲，正如潮起潮落、日出日入、月圓月缺、冬去春來一般平常，只是極少有人得悉這點。每天當我們醒來時，舊日的心情已經過去，昨日的快樂已是昨日的，為何不好好經營今日的平靜與明日的喜悅呢？

◇開悟箴言

千方百計保護自己不受傷害不是什麼壞事，但歇斯底里的狀態會讓人喪失理智。

情緒平穩不了，就不適合做什麼溝通，太過極致肆意的情緒不利於人與人之間保持良好的溝通管道。

如果我們被人指責了，需要先冷靜下來，不要像爆竹一樣一點就著。

遇到讓自己生氣的事情時，應學會將眼光放得遠一些，判斷一下自己是否有理由爭辯，還是自己有錯誤所以應虛心侯教。

學會控制情緒也是鍛鍊個人的危機處理能力。

平日裡要懂得節制情緒，大笑大悲可以有，但切勿太過分，不要沒完沒了。

世間的善惡本來就沒有一定的固有標準，人們之所以行善而傷害他人，有時就是因為不善於把握分寸而導致的結果。很多小事你做或不做，情緒掌握或者不掌握，所引發的效果便是差之毫釐，謬以千里。

和緩的情緒總能讓人心懷感激，即便是他人理虧，這時你的一個虛心鞠躬便能讓他佩服敬仰，將自己的魯莽銘記在心。

總是忍不住要與人爭吵，克制不住自己暴戾的情緒，說明此人的心理承受力很差，他不知道何為放鬆，精神常處於一種緊繃的狀態。這樣總害怕受傷害，時刻防備著的人，他的生活何其痛苦？

我們學習抑制情緒，首先可以從拒絕注視自我的傷痛開始，這便是在與自己的暴力行為做對抗，幫助自己掌控情緒。

切勿在我們的情緒上製造出一個又一個的戰場，我們需要辨識出那些不良情緒，用善心去擁抱、轉化它們，使得自己冷靜而不衝動、不粗暴。

話說到恣情痛快時，宜自持靜默

宜靜默，宜從容。言到快意時，須住。事不可做盡，言不可道盡。

——弘一大師

佛陀曾在竹林精舍對眾生開示，在這次開示會上提到了一隻豬精。

豬精是鬼怪，他長得很奇怪，令人害怕。

某一天，大目犍連尊者與拉卡納尊者從靈鷲峰上下來，在路上看見了他，很快明白過來，這是一隻承受著痛苦並將永遠挨餓的餓鬼，他長有豬頭卻有著人類的身體。兩位尊者看到他只是笑了笑，什麼話都沒說。

大目犍連尊者回到寺院，立刻對佛陀講述了遇到的情景。佛陀聽了便對他說：「尊者！我也曾經見過這只餓鬼，那還是在他剛剛覺悟的時候。因為唯恐不會有人相信這件事，所以我一直也未曾提及。」

緊接著，佛陀開始敘述了這豬精經歷的事情。

那還是發生在迦葉古佛時代的事情，曾經的豬精是努力修行並時常弘揚佛法的一名比丘。某一天，還是比丘的他抵達了一所道場，發現道場裡只住著兩名比丘，就打算留下來與他們共住。一段時間之後，他覺得在這裡說法是不錯的事情，因為附近的人們很喜歡聽他說法，而不喜歡聽另外兩位比丘說法。不久之後，他居然萌生了要獨佔道場的想法，私心作祟，想要把那兩名比丘趕出這所道場。他真的就這樣做了，用了心機每天胡言亂語，讓兩名比丘之間很快出現了罅隙，然後任由他們從此分道揚鑣，離開道場。就是因為做了這件事，他有了惡業，死後在地獄道重生，受盡苦難後還不算完，又重生在了餓鬼道。

他那豬頭人身的模樣，滿嘴蒼蠅的醜態，都是因為他前世不知道管住自己的言行。佛陀就此事對眾比丘開示道：「比丘們！比起普通人，身為比丘的你們應當更加注意自己的言行，不要有惡語、妄語、誑語……不造作惡業，而應該學會平靜並抑制自己的身、語、意三業道。」隨後他誦出了一段偈子：慎語而制意，不以身作惡。淨此三業道，得聖所示道。

慎言慎行，才能帶領我們向聖所靠近，常常得意忘形之人，不僅會禍從口出，還會在不經意間給自己招致惡業。

弘一大師正是深諳此道之人，他告誡人們在身處恣情痛快時，要知道停止說話，不要因為得意而失言。有智慧的人在獲得成就時不會得意忘形，他們在遇到困難時也不會喪失自信，如此時刻保持著謹慎謙恭的人生態度，才不會傷人害己，才能在天地之間立於不敗之地。

孔子曾有一句話也說明瞭箇中道理：「不得其人而言，謂之失言。」說的是如果你不知道對方是個怎樣的人，兩者並不是深交相知，你卻毫無顧忌地恣意暢談，滔滔不絕，可知道對方會對你有什麼反應和感受呢？刻意利用語言來打擊陷害別人就更加過分了，一個嘴巴不嚴實的人所闖禍的機率，定然比那些閉得上嘴巴的人要多得多。

說話至恣情痛快時剎不住車的人，在平時一定是個特別愛說話的人，這樣的人常常不假思索就對事物或人發表見解，說著說著就容易好壞摻雜、泥沙俱下，使人難於接受，難取難舍，只能姑且聽聽。久而久之，這樣恣情的行為會給他人留下此人沒有見識，說話沒有益處的印象，到了關鍵時刻不會有人想起，但到了有人需要散佈流言蜚語時，就會利用此人關不住的嘴巴來大肆宣揚一番。

你可曾聽過得道高僧與人喋喋不休的？多言往往是虛浮的象徵，要闡述一件事，一個道理，精闢的語言就已足夠，不需多言。說得太多並不能表明某人的內涵深厚，而只會漸漸顯露出這人的缺點與弱點。

弘一大師還認為，凡塵之中的普通人喜歡與人閒話，縱情於說話，實際上是由於內心淤積了太多的貪嗔癡慢，煩惱的習氣太重了，所以不說個痛快心裡就不舒服。由此不難看出，太喜歡說話的人其實是心不在道，才需要時常找話題來消遣，說明他們的心幾乎還未有覺悟，還沒有開始積累善業。

關上嘴巴，適時靜默是一門學問，也是一門修行，弘一大師引導我們說話恣意痛快時要及時停住，正是期望我們能瞭解「善護口業」的重要，從口頭開始領悟安靜、清淨的修行之道。

不妨就從現在開始管住自己的嘴巴，開始體悟靜默的好處吧，這不但能幫助我們與人友善，更是幫助自身吸納福報。

◇開悟箴言

話多不如話少，話少不如話精，多言不如多知，知道的多了不如付諸於行動，而不要恣意妄言且不知節制。

當你想用千言萬語去說服什麼人時，不及做出一件該做的事給他留下的印象更深。

多言意味著虛浮，因為口頭一向慷慨大方的人，在行動上做不到就會變得異常小氣吝嗇。

有道德者從來不需多言，有信義者從來不會多言，有才謀者從來不會多言。言多必失的都向來是那些胸中點墨稀少的人，為了避免犯下錯誤，在眾人面前就應當少說話。

人外有人天外有天，你總會遇到一兩個比自己高明的人，所以即便是面對看起來愚笨的陌生人，也需要管住嘴巴，不要一張嘴就收不回來。

要真正做到「善護口業」是很困難的，但我們要盡自己最大的努力來做到，在日常小事中修好十善業，為此，我們要防備辛苦修來的福德從嘈雜的說話中流失，應當時時刻刻做到慎言慎行。

少說話可以避免我們因口過而招致各種麻煩與災禍，這樣才能使我們儘量斷絕菩提道上的業因業緣。

弓不可拉太滿，留他人立足方無害於己

事當快意處，須轉。步步佔先者，必有人以擠之。事事爭勝者，必有人以挫之。

——弘一大師

有很多人都喜歡讀《三國演義》，對三國時代的關羽可謂是非常熟悉的，他與劉備張飛結義，被稱為美髯公、漢壽亭侯，一生之中做過許多令人稱讚的事情。

然而他這個人的人緣並不怎麼好。他曾過五關斬六將、單刀赴會、水淹七軍，英雄氣概使人不得不敬佩，但他在性格上卻存在幾個致命的弱點，首當其衝就是剛愎自用、固執偏激，是個聽不得他人建議，與人相處極為苛責較真的一個人。所以，他除了劉、張二人，還有軍師諸葛亮外，並無多少相知的朋友。

當年關羽受劉備重托固守荊州，諸葛亮知道他性格上的弱點，於是對他再三叮囑，讓其「北拒曹操，南和孫權」，不要衝動行事。然而他還是沒能依照諸葛亮的囑咐行事，特別是當吳主孫權派人來見關羽，打算為兒子向關羽女兒求婚時，關羽聽了之後竟然勃然大怒，對來人道：「我的虎女怎麼可能嫁給你家的犬子！」就此得罪了一干人等。

關羽的性子就是這麼剛硬，看自己人總是什麼都好，看別人從來就是兩眼朝天目中無人，說話辦事由著自己性子來，難於顧全大局，計算後果。人家求婚畢竟是好意，看得起你家女兒和你的身份，你可以不同意，但為何要出口傷人，刻意貶低對方呢？關羽也並未想到，自己的個人好惡會對全局的大事產生影響，這樣的反應著實是很難讓人接受的。

就是因為他的個性過於偏激，無形之中得罪了許多人，這才間接破壞了吳蜀聯盟之間的良好邦交關係。

最後，牆倒眾人推，關羽最終落了個敗走麥城、被俘身亡的淒慘下場。

關羽不但很看不起自己的對手，平時為人也極為高傲，常常對同僚沒有禮貌。當年劉備和諸葛亮有意招降名將馬超，馬超投降之後，劉備和諸葛亮商議準備封他做平西將軍，不久便被駐守在荊州的關羽知道了，極為不滿。他為此還給諸葛亮寫了封信，責問他說：「馬超小兒能比得上誰？」這件事要是傳進馬超耳朵裡，豈不是一下就得罪了一位同僚？

這樣的事情還不少見，被人敬仰的老將軍黃忠被封為後將軍，關羽知道了也不屑一顧，當著眾人的面說，自己這大丈夫不願與老兵同列。他雖然確有本事，本事還很大，但這般目空一切的性子又有幾個人能受得了？

盛氣凌人或者不算什麼大缺點，因為有的人確實有這樣的資本，譬如關羽。但氣量狹小就不太好了，容易三言兩語就得罪人，讓人下不來台。人的眼界應當開闊一些，若將其他人都不放在他眼裡，隨口就是一兩句輕蔑他人的言行，難免會有人覺得受到了故意的侮辱。

弓拉得太滿容易折斷，同樣的道理，人的行事風格太淩厲容易引人排擠，關羽不明白這點所以樹敵很多，擁有大智慧的法師卻不會如此。

弘一大師是個有主見有頭腦的人，不管是出家之前還是出家之後，他都從不隨人俯仰，不與世沉浮，凡事都有自己的一套見解，也時常用自身所悟的道理教導他人，但從未與人發生過爭執對峙，這不是說他的觀念總能令眾人信服遵從，而是因為他為人謙虛溫和，與人交談從不會令人感覺受到了輕視貶低，自然就鮮少樹敵。

人有主見和原則無疑是值得稱道的好品質，但這不意味著就該不分情況地固執己見，任何事情上都偏激執拗。我們在做人處世時還是應當多看多聽，多看看別人的優點與可取之處，善加吸納，同時也多給別人一些發揮的機會，不要事事搶佔先機。一個總是搶佔他人機會的人，什麼事都要力拔頭籌，那還有誰願意與他為伍？時間一長，自然會惹人嫌，引人仇視，因為你斷了人家的生路和前途。要知道這世間不止你一人有本領，旁人也有存在的價值，有進步的可能與空間，為何不能容人比自己更強呢？與人立足的空間，也是給自己創造更大的生存空間。

若是我們只知道固守己見，容不得別人也施展才華，在自己的領域立足而發展，將自己的偏見當成真理至死不悟，那麼就當真是一隻坐井觀天的青蛙了。

◇開悟箴言

容人之量並不是大家想像中那麼難修煉的，只要多站在他人的立場思考一番，就很容易能夠明白，自己的行為是否將他人逼到了角落甚至是絕路。

當你所處的環境暢快滿意之時，切忌驕傲自滿，因為人遲早要年老力衰，當你力有不逮的時候是不是也需要別人給你一點立足之地呢？

前輩多給後輩展示能力的機會，等同於在照拂年老時的自己。

人無完人，事無完美，不可能有人能將自己的能力挖掘到極致且一輩子不改變，如今強大的你不代表將來不會衰弱，事實都有無常性，人在處世時應多考慮人世的無常。

自己砍伐樹木做成的獨木橋好走，還是眾人一起修建的大橋好走？想通了這一點，你自然就會知道自己並無什麼競爭者。

與人立足的空間也是在獲得福緣，他人會記得你的謙遜寬厚，記取你的恩情。

心不妄念身不妄動，不自欺不欺人進而不欺萬物真理

心不妄念，身不妄動，口不妄言，君子所以存誠。內不欺己，外不欺人，上不欺天，君子所以慎獨。

——弘一大師

居住在舍衛城祇陀園精舍的佛陀，在一次開示會上談起達摩羅摩尊者的故事。

佛陀曾於不久之前對自己的弟子宣佈：「比丘們，我將在四個月後圓寂。」聽了這句話，大部分的比丘都面面相覷，露出了惶然的表情，不知道如何是好，因為佛陀一直是他們最愛戴的人。

這些比丘因為心中不安，所以每日都緊跟著佛陀，幾乎是形影不離。可是卻有一位名叫達摩羅摩的比丘沒有這樣做，他決定自己獨自隱居起來，決定要在佛陀涅槃之前，通過修行來證得阿羅漢果。他把自己的意願講給其他比丘聽，卻沒有得到理解，這些認為他不愛戴佛陀的人便推著他去參見佛陀。

其中一個比丘對佛陀說道：「敬愛的世尊哪！達摩羅摩對您似乎沒有絲毫的尊重，當所有的比丘得知您將要圓寂，打算時刻陪伴您時，他居然想一個人獨自隱居起來，實在太過分了！」隨後還有更多的比丘對佛陀進行了投訴。

達摩羅摩尊者面無愧色地對佛陀解釋道：「佛陀！我並非不尊重您，而是我認為，應當在這四個月內努力修行，爭取在您圓寂之前可以證得阿羅漢果，用以報答佛陀的教誨啊！」

達摩羅摩尊者的解釋讓佛陀聽了很是滿意，這樣說道：「比丘達摩羅摩！你的意願非常好，但

願每個愛戴我的比丘都能夠像你這樣，盡心盡力去修行！比起那些每日為我獻花，為我供香的比丘，你的行為更讓我感受到了敬仰。不知道修行卻每日忙於討好我的比丘，他們並不是真正尊敬我。我心存明鏡，知道只有像你這樣忠心實踐我所教授的妙法之人，才是真正的尊敬我。」

佛陀緊接著誦出了一段佛偈：住法之樂園，喜法與隨法，思惟憶念法，比丘不復退。

不論佛陀在或不在，修行之人應當時刻都嚴格要求自己，日求精進。因為個人修行是為了提高自身的德行，而不是為了佛陀才進行修行，因而佛陀才會說那些用鮮花日日侍奉自己的人並不是真的尊敬自己，而是為了從自己這裡得到福祉。

修行或學習，是不是真心誠意只有自己知道，自欺欺人之人是不可能有進展的。

曾有一段時間，佛陀住在大林精舍，在這裡召開了一次開示會，用居住在瓦古木河畔進行夏安居修行的比丘們的故事做了開示。

這群比丘當時適逢瓦吉國的雨季饑荒，很多村民都糧食短缺，但他們為了獲取日常要吃的食物，居然偽裝成已證果的聖人去化緣，果然順利得到了百姓的施捨。然而他們並不是得道的僧人，並沒有什麼成就，這是欺騙人的行為。

雨季之後有許多從各地趕來的比丘參謁佛陀，其中也有瓦古木河畔的比丘們。

瓦古木河畔的比丘們臉色非常不錯，身體健壯，但是其他地方來的比丘們卻臉色蒼白，身體孱弱，佛陀看到之後覺得有些奇怪。

佛陀問他們：「你們是如何度過雨季的？」其他地方來的佛陀說在化緣方面有些困難，吃不飽飯，身體才變得孱弱。只有來自瓦古木河畔的比丘們說，即使在這樣的荒年裡，他們得到食物也沒有什麼困難。

佛陀沒有想到會是這樣，便問他們：「何以不困難呢？」

瓦古木河畔的比丘們回答說：「尊者！因為我們在交談時，不是稱呼對方為比丘，而是尊稱對方為聖人，那些村民聽到了就以為我們是已經證得阿羅漢果的聖人，所以願意對我們提供豐厚的供養。」

佛陀沉默片刻，問他們：「那你們是否已經證得阿羅漢果了？」

他們略有慚愧地回答說：「沒有。」

佛陀聽到之後立刻對眾人誦出了這段偈子，譴責他們的行為：若破戒無制，受人信施食，不如吞鐵丸，熱從火焰出。

人們在欺騙他人的同時也就是在欺騙自己，佛陀開示說，與其施食於惡行的僧人，不如讓他吃鐵丸，因為這些僧人並不是在進行真心實意的修行，其行為令人不齒。

弘一大師十分反對這樣的行為，欺騙是不良行為，認為人的心裡不該胡思亂想，身體不該肆意妄為，說話不可以胡言亂語，君子才可以做到心懷坦誠。而君子之所以在獨處時能夠做到謹慎不苟，是因為君子對內不會欺騙自己，對外不會欺騙他人，對上不會欺騙蒼天。

自欺欺人是最為愚蠢的做法，而欺騙他人則是在行使惡行，損害他人利益，無法積累福報的。自己內在修養不夠，修行不到位，那麼即使終生欺騙他人也無法使自己變得智慧高尚起來，終究只能停留在表面，並讓自己的惡行加劇。

若是自身有不足，那就應當去向他人學習，並自行修學，奮力將自己的缺點改正過來，這才是真正的進步，而不應刻意遮掩瞞騙，無論其欺騙的目的是什麼。經常欺騙他人的人也將被人欺騙，品嘗欺人的惡果，這是佛家所說的因果迴圈。

◇開悟箴言

不自欺，不欺人，同時亦可避免被人欺騙，這是我們一生需要練就的本領。

人不應該害怕自己存在缺點，更不應該害怕及時去改正，只要端正態度，敢於改變，自然可以做到不自欺不欺人。

真正有學問有水準的人從來不會欺騙別人，以此來證明自己的本事，反而勇於承認錯誤是他們引以為傲的優良品德。

每個人都應對自己的不足之處瞭若指掌，這樣才便於改正，成為一個面對過失可以誠實以待的人。

當有的人自己身上出現了問題時，往往不是第一時間認識錯誤，而是千方百計給自己找一個藉口，用來掩蓋錯誤，從而讓自己不會自責愧疚。這種態度即是典型的自欺欺人，粉飾太平，自我欺騙，殊不知這樣的處置方法對自我最為不利，不僅會使自己繼續犯錯，還會讓身邊的人再次承受你的過錯帶來的損失。

自欺比正確面對自己容易得多，因為人們常常不肯承認自己的問題，覺得這是一件臉面無光的事情。然而究竟是臉面重要，還是內在的修養更為重要呢？當你不能用自欺或欺人的辦法來達成目的時，就會知道所要付出的代價是什麼了。

以情恕人保全他人友誼，反躬自責要深刻誠懇

以情恕人。以理律己。以恕己之心恕人，則全交。以責人之心責己，則寡過。

——弘一大師

佛陀曾居住在貝薩卡羅樹林裡，在當時召開的一次開示會上提到了覺王子的事情。覺王子某一次決定給自己建造一座宮殿，宮殿極為雄偉。宮殿建成時，他便邀請佛陀到宮殿中接受自己的供養，並舉行了一場盛大的慶典。慶典開始前，他命人在宮殿中使用四種不同香味的薰香，還拿出一匹極為名貴的地毯，從大門口直到內殿的這條道路都鋪滿了。之所以覺王子要這樣做，是因為他至今還沒有任何子女，所以決定用那匹地毯來發願做一個預測，要是佛陀進門時腳踩地毯走進了內殿，那麼他會擁有子女。

佛陀不久之後就抵達宮殿，覺王子上前迎接，態度恭敬地將佛陀請入內殿，但是佛陀卻站在門口沒有移動。覺王子殷勤地繼續邀請，然而佛陀還一動不動，雙眼緊緊盯著他身邊的阿難尊者，似乎是在示意些什麼。

阿難尊者很快明白了佛陀的意思，他對覺王子說：「王子啊！請你移開門口這匹名貴的地毯吧！」覺王子沒有辦法，只好移開地毯，佛陀這才走進了內殿。

佛陀進來後，覺王子命人給佛陀端來了許多美味的食物。用完餐後，覺王子忍不住問佛陀道：「聖尊！為何你不肯腳踩那匹地毯進入內殿呢？」

佛陀沒有回答，而是反問王子說：「王子！那麼你為何要鋪就這匹地毯呢？是不是想要用這種方法來預測將來是否會有子女？」

覺王子誠實地告訴他：「是的。」

佛陀便對他說道：「王子啊，因為你與你的妻子在前世造下了惡業，所以今世是不會有孩子的。」隨後，佛陀對他講述了他的前世：「在前世，你與你的妻子都是一艘沉船的倖存者，你們從海上流落到一座荒島，依靠在荒島吃鳥蛋、雛鳥而活命。但是，你們兩人卻從來沒有一絲悔意，不為死掉的生命超度，所以累積了不少惡業，這才導致今世得了報應，不會生下孩子。當時，只要你們內心有一丁點悔意就不會如此，在今生將能擁有一或兩個孩子的。」

佛陀就此誦出一段偈子用來開示他們：若人知自愛，須善自保護。三時中一時，智者應醒覺。

做人應知道自我審視，從而自責悔改，不知道嚴格要求自己的人，沒有資格得到美好的人生。但人們常常只知道體諒自己，為自己的所作所為尋找理由，卻不願意去體諒他人，這實在是沒有道理的事情。

舜王的故事許多人都聽聞過，他的父親、後母及弟弟不是什麼好人，至少在大多數人眼中他們可以算是心腸狠毒的人。但是舜王沒有一味指責他們的缺點，不只是看到了他們的缺點，還看到了自己的缺點，認為他們對自己不好，其中定然也存在自己的缺點。他就是用這樣的態度來對待親人，不是天天與他們爭鬥，而是天天進行反省，不但改正了自己身上的缺點，還饒恕了他們的過錯。

如此過了許久，他的父母、弟弟被他的作為改變了心態，過去狠毒的心腸也發生了改變，成為了真正對他友善關懷的家人。舜從此獲得了「家和萬事興」的福報，他們一家人的和諧還感染了鄰里，後來堯王聽說了他的事蹟，決定把兩個女兒都嫁給了他，最後還將王位也讓給了他。為什麼呢？是因為看中了他的品德與胸襟。

可見以情恕人難能可貴，是宜家宜國的高尚品性，難怪法師也尤為提倡，主張人們要懂得以情恕人，以理律己。

「以情恕人」中的「情」，指的是人之常情；「恕」就是體諒寬容他人錯誤或過失的意思。我們先不分析這四個字有多大的道理，單單看「恕」字與「怒」字的差別好了：「恕」字上面是如，下面為心，所以「恕」的意思便是要人對待別人宛如對待自己的心；「怒」字上面是奴，下面為心，是說人一旦發怒了，心就將變成脾氣的奴隸。由此可見，人們饒恕他人也就是善待了自己的心，對人發脾氣便是讓自己成為脾氣的奴隸，反而不好。

但是饒恕、體諒別人絕非易事。大多數人總是比較容易寬恕自己，對於自己的錯誤可以視而不見，但對於其他人的過失就會苛求責怪，小的不能原諒，大的就記恨在心。這樣雙重標準，莫非是正確的嗎？在苛責他人時，我們是否應該先瞭解實際情況，再來考慮要不要斤斤計較呢？即使他人果然有錯，行為有失，我們處理事情時若是心太過刻薄了，堵人後路，欺人臉面，那勢必將造成人與人之間的關係緊張。

不妨就如弘一大師所言，以情恕人吧。只要能夠推己及人，力行恕道就有可能實現。而「恕己之心恕人，則全交。」說的則是，如果我們能夠用原諒自己的心去原諒他人，何愁不能夠使朋友間的友誼地久天長呢？

從即時起，我們就應當在平時練就體察人情的習慣，儘量原諒他人的過失，瞭解他人的苦衷，給他們認識自身過錯的機會。此般，我們才不會被脾氣所奴役，而是自己翻身做了心的主人。

做到以情恕人的同時，「以理律己」也要付諸於實踐，方能使兩者相輔相成，提升德行能力。

「理」指的就是道德情理、天理規則，「律」說的自然是約束、規範的意思。法師提及這句話是想告誡眾人，若想要提升自身的德行能力，保持性德，就要以聖賢所教授的理論方法作為準則標準，讓理智制約感情，嚴於律己，務必嚴格地規範且約束自身的思想及行為。感情用事的危險性是很高的，容易使人順著自己的不良習性而甘於墮落，脫離修行自持的軌道。

人應當時刻保持頭腦的清醒，理智行事，不徇私情，不袒護自己，不放下極高的警覺性，才能逐步達成「以理律己」的境界。

法師正是將與人交往的環節分為了兩個重要部分，一個是如何對待他人，一個是如何對待自己。不管擺在眼前的是什麼事，不管是大事小事，我們都要做到以人之常情去寬恕別人，用嚴格的道理來規範自己。

對於那些並未觸及法律底線的人，在人之常情皆可以饒恕的條件下，在對方尚留存最低程度良知的情況下，我們不妨就用寬恕與引導的方法，幫助他們認識自己的過失，認真改過，讓世間又多一個心懷善念之人。但對於我們自己，寬容體諒是不可以經常使用的，因為這極可能導致自我的放縱與懈怠，若是形成習慣更是後果嚴重，容易一經犯錯就自行饒恕。只有時刻用嚴格的道理、規則要求自己，有錯之後深刻反省，吸取經驗教訓，我們才不會鑄成大錯。

弘一大師以情恕人、以理律己的境界看起來都很簡單，但真正實施起來卻困難重重。那我們不妨先從理解別人，嚴於律己做起，先理解再饒恕，先硬性規範再用道德規則來約束。首先可以在平日多讀聖賢書，如《論語》等，這能有效地幫助我們體悟什麼是寬恕，什麼是律己。

這是一種信手拈來就能隨意運用情理的智慧，需要每日多下工夫，只要哪日內心的功夫到了火候，用寬恕自己的心來寬恕別人，用責備他人的心來責備自己，就會成為一件容易的平常之事。

◇開悟箴言

發覺別人的缺失，便用聖賢所教授的道理去要求別人，責備別人，顯然是自然且容易的事情。但如果你能夠回過頭想一想，試著用對待自己的標準看待他人，定然能減少一些過失，少得罪一些人。

當你的心靈選擇了寬恕別人過失，你的心就獲得了一定的自由，因為此時你學會了放下責怪和怨恨，如此少了負面感情的包袱，你能活得更加自在。

無論面對朋友還是仇人，得道之人總能報以甜美的微笑，沒有多少情緒上的差別。

與人交往說白了就是合理、正確地運用情理，但凡能做到以情恕人，以理律己的人，很快能從中獲得體悟，從而提升自己的靈性。

倘若一個人不懂得正確運用情理，對待自己寬容，對待他人苛責，其德行便會因為自身的過失而逐漸喪失，很難再挽救回來。

過於喜歡批評別人，喜歡觀看他人受到批駁時出現的窘態，這本身就是一種巨大的過失。

謙虛退讓，為自己留有轉身餘地

道德隆重，守之以謙。學一分退讓，討一分便宜。增一分享用，減一分福澤。謙退是保身第一法。

——弘一大師

有一位學問淵博的老先生聞名於春秋時代，某天，他與自己的弟子們坐在一起談天說地。眾位弟子中，有一位來自於富貴之家，平日裡就趾高氣揚，他當著所有的同學炫耀道：「我家條件一般，只是在郢都郊外的一個村子裡擁有一片看不到邊的肥沃良田。」

聽著他口若懸河，許多同學臉上都露出了忿然的神色，但卻不知道如何反駁。

老先生一直坐在旁邊不動聲色，過了許久，他拿出一張大地圖，地圖的範圍很大，包括了諸多國家在內。他問這位同學：「請你指給我看一看，楚國在哪個地方？」

學生歪著腦袋，揚揚得意地說道：「這裡這裡，這一大片都是的。」

老先生點點頭，又問：「好，那你再告訴我，郢都在哪裡？」

這位學生晃動手指，看了好久，總算在地圖上將郢都找了出來。他點出的這片區域，與整個楚國相比，顯然是要小太多了。

老先生捋著鬍鬚，又問：「嗯嗯，那你所說的那個村鎮又在哪裡呢？」

這位學生皺起眉頭，只好找到一個更小的小點說：「那個村鎮好像是在這兒吧。」

這時，老先生微微一笑，看著他問：「好，那你現在再指給我們看看，你所說的那片肥沃土地又在什麼地方哪？」

學生聽到這話，立刻慌得滿頭大汗，他找了好半天，當然是不可能找到的。他家那片肥沃田地在他看來雖然大，但在這張地圖上實際是連半個影子也找不到的。

他盯著地圖看了半天，神情越來越尷尬，這時才恍然大悟道：「老師，對不起，我……我找不到了！」

老先生點點頭，對所有弟子說道：「現在你們該明白了，任何人擁有的一切無論在你們看來有多大，但只要與一望無際的天地相比，與浩瀚無邊的宇宙相比，都只是滄海中的一粟，大海中的一滴水，根本是微不足道的。因而，做人不應該過於自滿，凡事都應該謙虛一些！」

在歷史的長河中，即使是堯舜禹湯，也不過曇花一現，更何況我們這樣平凡的人？不管我們現在擁有什麼，擁有了多少財富和學問，與大世界相比也仍然是極其渺小的，有什麼值得炫耀張揚的呢？

行事做人貴在具有自知之明，要知道自己擁有的優勢，也要知道自己擁有的劣勢，切勿目中無人、夜郎自大、眼高手低。

如果懂得了這一點，你就知道做人應謙虛的緣由了。

佛陀曾在一次開示會上說起了某組比丘的事情。

某組比丘有一次遇到一群年輕的比丘和沙彌，這些比丘和沙彌正在浸染袈裟，做完這件事還有其他任務需要執行。他們見到這些比丘和沙彌被佛陀委以任務，心中升起諸多不公平的念頭，想道：我們辯才卓越，為什麼卻不受重視呢，看來我們應該去參謁佛陀，讓他知道我們對於佛學經典十分精通，如此就可以教導這些年輕的比丘和沙彌，使他們有所進步，使我們的榮譽有所增長。

商量過後，他們立刻就去參謁了佛陀，在佛陀面前說出了自己的意見。

佛陀聽過之後對他們說道：「如果這是放在宗教的原則裡，你們所說的這些話是完全正確的。但你們錯就錯在，以自己的利益出發來看待這些事情，說明你們的修行尚且不夠。你們認為自己善辯就是有了成就嗎？非也，在我看來，只有那些拔除了一切惡根的阿羅漢才是真正有所成就。」

隨後他為開示他們說了一段偈子：

嫉慳虛偽者，雖以其辯才，或由相端嚴，不為善良人。

若斬斷此心，拔根及除滅，彼舍嗔智者，名為善良人。

這世上真正有頭腦的智者，從來不宣揚自己的成就與能力，他們的功績是由後人評說的，而並非自我標榜而出。

為什麼要謙虛退讓呢？因為我們自身並無什麼可以炫耀、驕傲的。看看法師，看看那些如法師般同樣偉大的人物，他們對待眾生皆是謙虛的，從不趾高氣揚。法師的心懷一向寬廣，認為謙虛退讓可以保身，這是一種成熟的心靈體悟，因為君子具有自知之明，更加知道萬事萬物皆有優劣，沒有誰更高貴一些，沒有誰更低等一些。

沒有人會喜歡一上來就倨傲自滿的人，為人處世應當學會收斂起傲氣和狂妄，遇事退讓一分，遇人謙恭一分，為人處世將多一分空間與餘地。

謙虛並不是讓人故意做出一種抬人的姿態，而是要求一個人擁有自謙容人的內在品德，這是謹慎自修的高度體現。高尚的品德孕育在日常瑣事中，弘一大師學問博雅也何嘗驕傲自大，法師受人景仰又何嘗處優獨尊？謙虛退讓是要人學會虛心謹慎、嚴格自律，用更為勤奮嚴謹的態度對待學問，用更為禮貌恭順的態度對待他人，這是一種繾綣祥和的心靈境界，也是一種足以撼動人心的外在氣質。相反，若事事與人一較長短，爭執不休，人與人的關係將陷入無休止的對峙之中。

與懂得謙虛退讓者相處，能學以致遠，可如沐春風。

◇開悟箴言

謙虛不是卑下，不是軟弱，也不意味著無能，它體現的是一種君子修養與高尚品德。退讓不是委曲求全，不是恣意縱容，它體現的是一種容納眾生的境界，用善心來糾正他人過失。

要做到謙虛退讓，首要一點是具有自知之明，瞭解自己所處的環境，知道自己的優點與缺點。

魯夫莽漢往往是不會謙恭的，儒雅君子往往是善於謙恭的，但只有由心出發的謙虛才是真正的謙虛，才能讓人領略到你心中的善意與寬容。

當你想要炫耀且對人倨傲時，想一想自己若有優於別人之處，那可能只是暫時和相對的；當你想要輕蔑鄙夷他人時，想一想自己如果不繼續努力，那可能很快就落於人後或者前功盡棄……總有人即將或將要超過自己的，你又還擁有什麼值得傲慢的？

為人處世時，有時退讓一步才能前行得更遠，因為謙虛的態度能促使你反省自律，經過奮發努力之後自然可以走得更高更遠。

拳頭這東西使用起來是有技巧的，先要收回來才能實現更強有力的攻擊。修行學習也是這樣的道理，暫時的退讓並不是畏縮與妥協，而是讓我們擁有一種練達的生活態度，平淡地看待目前所處的境地，才能更為從容地向前奔跑。

包容忍讓，你的路沒有減少

忍與讓足以消無窮之災悔。古人有言：「終身讓路，不失尺寸。」

——弘一大師

這是一個啟發人們如何品味人生的故事。

某日，佛前的侍者問禪師：「尊者，請問禪心在哪裡呢？」

禪師回答他說：「禪心就在廣大的虛空中。」

侍者不太理解地說：「既如此，為什麼我卻看不見呢？」

禪師告訴他：「因為禪心是廣布虛空的，所以無形，你自然看不見。」

侍者再問：「那它何時才會有形？」

「當人們執著妄想時。」禪師道。

侍者想了想道：「尊者，我還是不明白……」

禪師便讓他去取來一些鹽和一杯清水，放在了桌子上。

禪師告訴他：「請你取一匙鹽倒入水中。」侍者按照他的話做了之後，聽到禪師說，讓他嘗一嘗這杯水，試試味道如何。

侍者喝了一口微微蹙眉道：「有點鹹。」

禪師讓他再去取一盆清水過來，放在地上。侍者按照他的話做了之後，聽到禪師說，讓他取一匙鹽放入這盆清水中。

侍者便取了一匙鹽倒入這盆水中，聽到禪師說，讓他再嘗一嘗水的味道。

侍者喝了一口道：「不覺得鹹，沒有什麼味道。」

禪師這才微然而笑，對他道：「侍者啊！同樣是一匙鹽，倒入一杯清水中與倒入一盆清水中卻有所不同，變化這樣大，你可知道這是為什麼？如果將這一匙鹽放入更廣闊的空間中呢？」

侍者俯首，頓時恍然領悟。

空間越是廣大，能容納的事物也就越多。我們心靈的空間也是如此，如若能擁有一顆博大的心，對於那些煩惱、不愉快的事自然就感覺不到。包容的益處就像禪師投放那一匙鹽，只要我們內心的容積有足夠大，外物對我們的影響就如這一點點的鹽水似的，根本察覺不出什麼了。

孟嘗君是春秋戰國時期有名的君子，他曾出任齊國的宰相，為國效命。

為了讓自己的思維更開闊，吸收他人的意見，他的家中有許多食客。這些食客有的是具有真材實料的，但也不乏無能敗德之人，就有這麼一個食客居然與孟嘗君的小妾私通，被人發現了。

他的僕人知道了，立即向孟嘗君稟告了這件事，並氣憤地說道：「這個人太不像話了，他身為主人的食客，卻與主人的小妾私通，簡直是忘恩負義，天理不容！主人，你應當嚴厲地處罰他！」

孟嘗君聽完之後卻只是平靜地說：「男人喜愛美女也是人之常情，這件事以後休要再提了。」

然而他並非認為這位食客的行為是正確的，只是與他的才能相比，孟嘗君願意包容他這次的錯誤，期望他今後可以有更大的作為。

此後，孟嘗君果真不再提起這件事，而是用更好的待遇來對待這個食客。

不久後他找來這個食客，說道：「你在我門下做食客已經很久了，我卻一直沒有找到適合的位置來舉薦你，這是我的過失。眼下衛國需要謀臣，衛國國君與我交情不錯，我認為你的才能可以勝任，便想推薦你去衛國做官，車馬銀兩都已經備好了，你可以即刻啟程。」

這位食客感激不盡，很快來到衛國，用自己的才華博得了衛王的器重。

後來的某段時間，衛國與齊國的關係一度緊張，衛國國君想要聯合其他諸國來攻打齊國。這件事被那位曾是孟嘗君家中食客的人知道了，憂心忡忡，思慮過後勸說衛王道：「陛下！臣會來到衛國，都是因為孟嘗君寬容大量，不計較臣的過錯，才將臣舉薦給了大王，為大王效命。如今，臣赫然聽聞陛下打算聯合別國去攻打齊國，實在心感憂慮，因為齊衛兩國的先王訂立過盟約，約定兩國子孫後代應世代友好，絕對不會出現彼此攻伐的事情！陛下現在的行為是要違背先王與齊國的約定嗎？臣懇請陛下三思而行，況且如果陛下要攻打齊國，臣將有負於孟嘗君對臣施以的情義，臣又如何自處？萬望陛下取消攻打齊國的決定，若是陛下要執意而為，那臣就只能死在陛下的面前了！」

衛王聽了他的話覺得甚是有理，尤為佩服他對於孟嘗君的感恩之情，思慮再三之後終於決定不攻打齊國，避免了一場災禍。

很多人聽聞了這件事，都稱道孟嘗君，說是他的寬容與忍讓於無形中熄滅了一次戰火。

這也就是法師所言，忍讓能夠幫助人們消弭災禍。而古人有言，一生讓路，也不會讓我們失去尺寸之地，也是在闡明包容忍讓的功德與好處。

所謂「命裡有時終須有，命裡無時莫強求」，佛家一向認為每個人今生的享用是前世善惡業的果報，前世若有財佈施即可得財富，若有法佈施即可得聰明智慧，若有無畏佈施即可得健康長壽。因而不要太執著於今生所得，想要來生能有福報，不如今生多佈施，待人多一份善心。

世間萬物因果迴圈，報應不爽，我們所得所失不是用心機手段就能夠改變的，一味去爭未必能得到，那為何不退讓一分呢？包容退讓的作為，並不會讓你該得到的一切減少一分，因為今生的享用是前世善惡業的果報。

與人相處，我們能做的是斷惡修善，待人多善行善念，才會增長福報，消災免難。即便你不相信因果迴圈，也當明白世上許多爭端都是無謂的，有些還來自於雞毛蒜皮的小事，就因為不明白忍讓的道理便釀成大禍，傷人害己，事後後悔的次數還少嗎？

百忍成鋼，凡事若不能忍，說明此人即使有點愚勇，終歸行事太過浮躁，不能成大器。對於他人的冒失、錯誤或無禮，人們應該一笑而過，儘量為自己的快樂而活，不要總是因為別人的失德而生氣。

唐代有位高僧名為寒山，他曾這樣問拾得和尚：「如今有人侮辱我，冷笑我，藐視我，誣陷我，嫌惡我，欺詐我，我該如何是好呢？」

拾得和尚答道：「你就忍受他，依著他，讓著他，迴避他，尊敬他，裝聾作啞，漠然不語，讓他苦苦等待，你再冷眼旁觀，看他還會不會繼續？」

只要自己站得穩，行得端，對於他人的過失包容忍讓，失德之人得不到想要的東西，自然就會偃旗息鼓。這樣的作為不可謂不是大智大勇的安身立命之法，恰如老子所提倡的「不爭而善勝，不言而善應」所體現的為人之道。

法師與聖人老子都能做到包容忍讓，凡夫也同樣可以，只要我們願意付出一絲善心。

◇開悟箴言

包容忍耐並非懦弱，而是于從容之中漠視他人過錯，讓他人的狹小心思無法得逞。

你不願被別人左右嗎？別人激怒你可能是為了讓你跳入他設計好的陷阱，如果你的情緒順著他畫下的道路而行，恰好是被人輕易玩弄在股掌之上。

包容是一種無私的境界，一種由善心善行而衍生的力量。

擁有一顆仁慈寬厚、博愛寬廣之心，也就擁有一份平和清淨、坦蕩自信之情。

對人包容忍讓，是在練就一種放下一切物欲的氣度與胸襟。

不要太過在意他人對自身的態度與看法，那只是虛無的名譽，容易被人激怒，那還是因為看不穿悟不透。

只有內心淡定從容了，我們才可得到一種俯仰自如的風度。

學會包容他人，不要將其當做一句空話，我們應當發自內心地去寬待他人的敵視與仇恨，化干戈為玉帛。

學會包容他人對自已無意的傷害，是對他人改過自新的溫暖鼓勵。

廣闊的心胸，坦然自在的心態能讓我們活得更加快樂。

第四章 敦品卷

清心少欲，美德名譽自然生成

人世間的欲望沒有止境，沒有盡頭，因而才有那麼多凡夫被物欲情欲所束縛。一旦被欲望所控制，不管你身份地位如何，是否在當下達到了目標，內心都不會感受到真正的滿足，反而會造作惡業。

其實，輕鬆而快樂的生活並非多麼困難，多麼難以企及，只要從充實內心做起，不去盲目攀比追求，清心少欲，自然而然就可達成。所謂「籬菊數莖隨上下，無心整理任他黃。後先不與時花競，自吐霜中一段香」，為人們闡述的就是這樣簡單的道理。當我們看到籬笆裡有幾株菊花生長時，不必修理它們，何不任由它們隨意生長，讓它們隨著自然規律而開花呢？這菊花不與其他的花朵爭豔，眼下看起來落了下乘，殊不知它推遲花期，反而能在寒霜之中綻放清雅奇香！處世為人，不如學一學菊花的品德。

愛惜名譽需寧靜而無所求，沽名釣譽易損己

惜名者，靜而休；市名者，躁而拙。恬淡是養心第一法。丈夫之高華，只在於道德氣節。

——弘一大師

這是發生在給孤獨長者的女兒小蘇巴達身上的故事。

給孤獨長者與富翁尤伽是世交好友，他們不僅友情深厚，還曾共同念書求學，因而感情很好。給孤獨長者的女兒名叫小蘇巴達，而富翁尤伽就有個兒子，兩人年齡相仿且都到了適婚的年齡，兩家的家長一看覺得挺相配的，就為他們訂下了婚事。

不久之後兩個小輩成婚了，給孤獨長者的女兒小蘇巴達就跟隨丈夫住在了婆家。時間不長，小蘇巴達與婆家人之間出現了一些矛盾，因為尤伽一家不是佛教徒，他們會邀請那些外道到家中給予他們供養。小蘇巴達的婆婆每次都會要求她向那些裸身苦行者行禮敬，她心中不是很情願，就時常反抗。為此，婆婆對於小蘇巴達很不滿意，但小蘇巴達不介意這件事，一有機會就向婆家人說明佛陀的智慧與佛教的好處，久而久之，她的婆婆感受了佛教的好處，很想親眼見佛陀一面。小蘇巴達就說，可否在家裡供養佛陀，婆婆答應了她。

小蘇巴達聽了之後很高興，盡力為佛陀和比丘們準備供養的食物，隨後她跑到屋子最高的一層，面向祇陀園焚香供花，然後開始靜默地觀想，在觀想中看見了佛陀獨特的品性和賢德，又在心中虔誠地念道：「敬愛的世尊！我是小蘇巴達，一位虔誠的在家弟子，在這裡恭謹且誠心地邀請您與

您的弟子來我家接受供奉，希望您能收到我送去的消息！就是明日了，願您和您的弟子能到我家裡來！」說完這些之後，她把手中的茉莉花拋灑向空中，紛飛的茉莉花花瓣隨風飄送，落在祇陀園裡，還落在了佛陀弘法時使用的大殿上。

看到這些花瓣時，佛陀正在大殿內弘法，他接收到了小蘇巴達的誠意。

佛陀弘法之後，看到了迎面走來的給孤獨長者。原來給孤獨長者也想邀請佛陀到家裡接受供奉，佛陀微笑著對他說：「長者啊！在您之前，我已經接受了您女兒的邀請。」

給孤獨長者聽了之後覺得奇怪，問道：「尊敬的世尊！我女兒住得十分遙遠，她怎麼可能從那麼遠的地方行至這裡邀請您？」

佛陀告訴長者道：「沒錯！但是長者哪，那善良的人雖然遠在他方，可因為她的善行，我站在這裡也能看得清清楚楚，猶如就在眼前。」

言罷，佛陀給眾生誦出了一段偈子：善名揚遠方，高顯如雪山。惡者如夜射，雖近不能見。

第二天，佛陀帶領比丘們坐上了由釋迦天王為他們準備的天車，從天而降來到了尤伽家中，使得小蘇巴達和她婆家的人都極為驚訝。

她的公婆親眼目睹了佛陀的偉大神通，頓時深受感召，跪倒在地向佛陀敬拜。此後，尤伽與他的家人也與小蘇巴達一樣信仰了佛教，並在接下來的七日裡向佛陀與比丘們供奉了豐厚的食物。

小蘇巴達的美名從此一傳十十傳百，成為了眾所周知的善者，令人尊敬。

一個人想要獲得眾人景仰的美譽，並不需要自我吹噓或是到處宣揚，如小蘇巴達這樣盡心盡力做該做的事情，將善行做到實處，善名自然可以遠播，佛陀也會受到感動。

美譽從來不是自己刻意強求得來的，如果太過執著於好的名聲反而違背了良性善意的本意，喪失了內心原本就擁有的純真與清淨，是以縱容自己不斷墮落。

想要用樂善好施來獲得好名聲，根本不是真正的具有善心，而是沽名釣譽，放不下名利之欲。

佛陀曾在某次開示會上，提到一名在家信徒吉達的故事。

舍利弗尊者有一次在弘法會上對眾生做出開示，吉達當時也在座，他聆聽開示後當即證得了三果。

這天，吉達趕著五百輛馬車的食物和其他物品，決定去供養佛陀和比丘們，他還帶了三千隨從。他與同伴們浩浩蕩蕩走向舍衛城，他們不緊不慢，每天只走一小段路，直到月底才到達舍衛城。在城門口，吉達停了下來，帶領五百名隨從先進了城，進入了祇陀園，恭敬地參謁佛陀。

隨後，他看到許多鮮花宛如神跡從天而降，再讓同伴將馬車趕進了城。

吉達供養佛陀的同時，在寺院修行了一個月，在此期間他還與同伴供養了比丘們。值得稱奇的是，他帶來的食物好像用不完，因為天人不斷地為他添補食物與其他物品。

過了一段時間吉達準備離開了，他將帶來的一切物品都留了下來，決定供奉給佛陀與比丘們。得知了這件事，天人又將無價之寶裝滿了他的馬車。

阿難尊者無意中發現了這件事，看見吉達的財物不僅沒減少還有增補，驚訝地詢問佛陀：「尊敬的世尊！吉達是因為前來供奉您才獲得了這麼多的財富嗎？倘若他在其他地方，恐怕不能得到這些財富吧？」

佛陀對他說道：「阿難哪！吉達是個充滿了信念與慷慨的在家弟子，他無論在哪裡都持守戒行，不需要到這裡來也會善名遠揚，這樣的功德，即便不在這裡也定然能獲得天人的尊敬與賞賜，只是被賜予一些財富又算得了什麼？」

隨即他對比丘們誦出了一段佛偈：正信而具戒，得譽及財者，彼至於何處，處處受尊敬。得正信者得美譽，只要心境清淨，心地良善，那麼無論到了哪裡都會受人尊敬。

弘一大師對此也深有所悟，認為愛惜名聲的人，應當與人無求，與世無爭，寧靜安詳才可無往不利，抵達清淨自在的境界。世上沽名釣譽之人，往往忙於營求名利，心中浮躁不安，又怎麼不會患得患失呢？這樣的人在平日就拙于應付對於名利的追逐，心境沉浮晃蕩。人一生中得到名利並不是強求來的，其實都是人們過去生修所得的福報，並不是任何人用妄想、機巧就可以得到的。越是期望得到，沽名釣譽，反而只會適得其反，損害自身。

內心淡定恬靜無所求，比虛無的名聲，要珍貴得多。

◇開悟箴言

凡是沽名釣譽者，並不是真正的賢士。

有人喜歡沽名釣譽，是因為這樣的行為或許真能為自己博得一時美名，但這種名聲與尊敬只是暫時的，並不可能一勞永逸。就是為了滿足自己在這方面的欲求，人們才會陷入循環往復沽名釣譽的過程中，為此所束縛，從而根本無法得到心中的寧靜。

聲名遠播者都是因為其善行善心廣為流傳，並不需要當事人推波助瀾，凡是背後有人宣揚、吹噓、誇大其辭者，定然是沽名釣譽之人。

我們與人友善，行善助人，並非是為了得到世人的稱讚，善行是由心出發、持之以恆的修為，不是放在嘴邊用以沽名釣譽的工具。依靠虛偽的行為博取虛無的名聲，其根基是空的，又如何可以長久呢？

總是計算代價才願意付出的行為，不是真心誠意的修行，這種行徑不但虛偽，而且為賢良高德之人不恥。

若是真心愛惜自身名譽，就該從自修做起，不要太過在意那些虛無縹緲的美名聲望。否則當你無法壓制內心的魔鬼，它將啃噬你的內心，讓你徹底墮落為一個在欲海上下沉浮而無法上岸之人。

培養自己高尚的情操，詩書音樂能使人勤勉尚志

敦詩書，尚氣節，慎取與，謹威儀，此惜名也。

——弘一大師

人們高尚的情操從何而來，由長輩父母的言傳身教而來，也從詩書禮教中而來。《顏氏家訓》中記錄了一則故事，說的是鎮南錄事參軍朱詹曾經的經歷。

朱詹出身不好，從小就過得很苦，家境貧寒供不起他讀書，但他還是十分好學。

他小時候常常饑一頓飽一頓，家裡連續幾天揭不開鍋的情況時有發生，他不得已只能吃紙來充饑。在冬日天寒地凍的時節，他沒有被子蓋，就只能抱著家裡的狗一起取暖睡覺，極為可憐。可是家裡的狗沒有吃的，也餓得受不了，便半夜起來偷偷跑到外面去找些食物。朱詹沒有了狗取暖感覺很冷，就在門口呼喚狗回家，但是狗始終沒有回來。就這樣他的狗不見了，還只是孩子的朱詹傷心地哭起來，這時剛好是半夜三更，他的哭聲因而吵得周圍的鄰居都睡不好。

書中原文寫道：「朱詹寒無氈被，抱犬而臥，犬亦饑虛，起行盜食，呼之不至，哀聲動鄰。」這樣貧困的環境下，朱詹卻依舊沒有放棄學習，而是想方設法找書看，向人求教，沒有荒廢掉自己的學業。許多年之後，他總算成為了當時的學士，得到了梁元帝重用。

朱詹之所以能夠學業有成，沒有其他，唯勤奮堅忍耳！

可見高尚的情操是促人奮進向上的點金石，人內心的力量是極為強大的，能創造眼前沒有的條件，讓阻礙變化成為個人披荊斬棘的動力。

有一則講述窮富和尚的故事也頗含深意。在四川一個偏僻的地方，有一個窮和尚與一個富和尚，兩人雖然擁有的錢財不同，但都有一個相同的目標，那就是前往南海禮佛。

這日，窮和尚問富和尚：「我打算去南海，你認為我可以做到嗎？」

富和尚想也不想地問他：「你分文皆無，如何能去得成南海呢？」

窮和尚不以為意地回答說：「我不需要別的東西，只要一個水壺、一個用來化緣的缽就足夠了。」

富和尚聽了之後覺得可笑，便道：「這幾年以來，我一直在籌備銀錢，想買條船渡海，但還是沒能成行。你一窮二白，又靠什麼去呢？」

窮和尚淡淡一笑，不打算說服富和尚了。

沒想到一年之後，窮和尚回來了，他居然是從南海回來的！得知事情的富和尚很驚訝，問他如何去的。窮和尚便把一路上發生的事告訴給富和尚，富和尚聽後，立刻感覺無比慚愧。

四川距離南海不知道有多遠，要抵達那裡實在不容易，但有錢的富和尚沒去成，沒錢的窮和尚竟然順利到達，這是因為什麼呢？全在於窮和尚具有堅忍不拔的意志，而富和尚志向不夠堅定，心中對於佛法不足夠虔誠的緣故啊！

世上總不乏天資聰穎之人，天資雖好，但並不能決定此人就會有所成就。有許多人都仗著自己聰明而不努力學習，或是仗著自己家境不錯而不思進取，如此的人就算天資再好，也有可能做出自毀前程的事情，更別說取得某些成就了。相反，一些天資本來就愚笨平庸的人，他們後天努力，孜孜不倦求學問道，一樣有了發展，在將來獲得了光明的前途。

我們有怎樣的天資，自己出生時並不能夠決定，那麼為何不做一個不被愚笨平庸所困而學無止境的人，做一個能成就自己的人呢？

這樣高尚的情操與德行如何才可養成呢，法師給我們指出了一條道路——敦詩書，尚氣節。當然除了詩書，音樂也可陶冶人們的情操，洗滌心靈塵埃。

「敦詩書」所言的「詩書」指的乃是《詩經》和《書經》，在這裡是用以泛指中國古代的儒家典籍、四書五經。這些經典深含大道理、大學問，法師教導我們「敦詩書」就是希望我們可以學習並落實聖賢學問，培養出恭謹敦厚的道德品質。

通過學習《詩經》和《書經》，可使人懂得說話的藝術，知道怎麼讀書；通過學習《禮》，可使人知道立身處世的方法……這都是聖賢教育宣導的以倫理道德為基礎，在傳播知識前應先教導人如何為人。這種傳統的教育或者並不能為現代人完全接受，但它有它切實的好處，是家庭、社會和諧的根本教育，能使人從小崇尚重視志氣與節操，養成難能可貴的道德品行。

人的氣質，由於大部分依賴於天生，所以是很難改變的，唯有讀書可以幫助人們改變自己，因而平日裡多讀些聖賢之書，品味古人的大智慧，領悟法師的大境界，對自身是很有裨益的。

只要善於讀書，深刻研讀各類經典中的至理名言，培養了高尚的情操，建立了堅忍的品德，天下事在你眼前就沒有了難易之分。因為這樣的人從不會在困難面前退縮，他既然踏出了第一步，那麼後面的九十九步，甚至是九萬九千步也將變得輕鬆許多。求學路上也是如此，學問其實根本沒有難易之分，只要願意學，困難的也會變得容易。

自己資質差，不是我們停滯不前的理由。正因為我們知道自己才能平庸，才應該更加勤奮努力，天天學習，日日精進，堅持不懈地學習下去，等到成功之時，資質是否平庸已經感覺不出了。

當然，學習的過程有可能是極為枯燥的，不如常常留心聆聽萬物的聲音，將大自然中的音樂積存在心中。當你遇到迷惑不解的難題時，就靜下心來聽聽這些純淨、自然的樂曲，心境定然會開闊許多，帶給你不一樣的體悟。

◇開悟箴言

每日應學會觀心，確保心境整齊嚴肅、無時不俱，沒有事情需要處理時也要保證心思靈醒，做事時心要專一而不繁蕪。

不要用太忙為藉口而懈怠讀書，每天擠出點時間讀書，但不要看一本放一本，若是這本未讀完就不要看其他的書，這樣可鍛鍊自己專心致志。讀史可以明智，不如每天閱讀史書十頁，即便有事，也應當堅持，不可間斷。老是東翻西閱，都是徇外為人。

不要拘泥於時間，只有找到空閒時就可以靜坐一會兒，體驗安靜時的內心感受，聽聽能放鬆身心的音樂，回顧今天你所讀的書，聽到的事，見到的世態。

早睡早起，養成有規律的作息時間，這樣有利於個人形成良好的生活習慣，鍛鍊勤奮的意志力。

精神太緊繃時不利於吸收知識，每當遇到情緒不安穩時，可以邊聽輕音樂邊讀書，這樣可以讓心寧靜下來，然後再認真品味書中道理。

錢財來之有道去亦有道，才能不為其婢奴

鄙夫之炫耀，但求諸服飾起居。人爭求榮，就其求之之時，已極人間之辱。士大夫愛錢，書香化為銅臭。濟宗党，廣束修，救荒歉，創辦義舉，濟人利物，此用財也。靡苑囿，教歌舞，奢燕會，積聚珍玩，賞目悅心，此傷財也。用財者，損而盈；傷財者，滿而覆。

——弘一大師

有一個沒有子女的富翁，這個人在生前是個極為吝嗇的人。佛陀這日在開示會上說的就是他的故事。

曾經某次，波斯匿王遠道而來參謁佛陀，卻遲到了。他對佛陀說明瞭緣由，原來城裡有一名沒有子女的富翁逝世了，他前來接收這位富翁的遺產，所以耽擱了一些時間。波斯匿王又對佛陀說：「這名富翁生前從來沒有做過一件善事，為人很吝嗇，他對自己也不捨得花錢，省吃儉用，一輩子就只穿些粗布衣裳，將財產囤積起來。」

聽了這段描述，佛陀通過神通看到了富翁前世，覺察到他前世也是一位富翁，便對眾比丘與波斯匿王講述了富翁前世的事情：

「一位那辟支佛來到這富翁家裡化緣，富翁將那辟支佛請到家裡，私底下叫妻子拿點食物給他，當做是供奉。富翁妻子很少見到丈夫佈施，覺得這次十分難得，居然慷慨地答應要佈施了，就到廚房拿出了豐盛的食物，填滿了那辟支佛的缽。富翁後來看那辟支佛的缽裡裝滿了食物，心裡很不高

興，便對妻子埋怨道：這個比丘吃完這麼豐盛的飯菜，不過是能睡個好覺而已，這食物對於他來說難道不是太豐盛了嗎？如果我能讓傭人都吃上這樣豐盛的食物，他們就會更賣力地給我們工作，那才是物有所值啊！他對於叫妻子佈施那辟支佛，感到了後悔。

「這富翁還有位兄弟，也很有錢，他為了謀奪兄弟的財產就把自己的親侄兒殺了，而當他的兄弟死後，他就繼承了財產，越來越有錢。我們看到的今世的富翁因為前世曾佈施給那辟支佛，所以今世還能作為富翁生活。但由於他佈施後感到了後悔，所以他在今世得了刻薄自己的報業。而他為了奪得兄弟的財產殺死自己的侄兒，如此惡業使得他得到七世都墮入地獄受苦的結果。即使現在他再世為人了，可他依然無有善業，落得今生仍舊是如此可悲的結局。」

說完這段故事，佛陀為眾生誦出一段偈子：財富毀滅愚人，決非求彼岸者。愚人為財欲害，自害如害他人。

波斯匿王聽取了這段開示後，感喟道：「尊敬的世尊！這個富翁何其有幸能夠生存在佛陀降生的時代，但他不知道珍惜，從不對任何人佈施，無有善行，白白浪費了幾世的光陰，多麼地傻啊！」

錢財不過身外之物，過於看重，只會讓自己陷入無窮盡的欲望中，成為金錢的奴隸，一輩子得不到快樂也得不到安寧。就如同故事中的富翁，他幾生幾世都在追求錢財，孜孜不倦，不惜刻薄自己，殘害親人，最後又剩下了什麼？

與錢財相比，世上存在的許多事物其實都更加珍貴，能帶給我們更多心靈上的祥和靜謐。

有一位唐先生是著名企業家，某日他代替岳父拿著一塊黃金來參見禪師，說想要捐建一所醫院，禪師將他請進屋裡，詢問緣由。

唐先生這樣對禪師說道：「我岳父在沒有信佛之前常常覺得日子煩惱不堪，自從結識了禪師之後才漸漸學會了放下，他說自己將很多煩惱都扔給了師父，如今又不得不將最後的煩惱也拜託給師父。」

禪師問他：「他過去有什麼煩惱扔給了我？」

唐先生回答說：「我岳父今年已經八十高齡了，從前他對於金錢很執著，一向期望能過上高人一等的富貴生活，所以才會花錢去買了黃金。他這輩子存了不少黃金，差不多有一百多兩，全部藏在了床底下。對於這些黃金，他曾經覺得很滿足，但如今卻很煩惱，因為擔心在他外出時會被人偷走，所以現在都不敢出門。有時他需要出門處理一些事情，行走到半路就非常擔心，唯恐自己沒有鎖好房門。所以，他時常是走到半路就又返回家中，查看門鎖與床下的黃金，不然就不能安心。去年岳父才結識了師父，那時他才覺悟，不再為此煩惱。他乾脆把所有黃金都賣掉了，捐出了一百萬元的善款來做善事，去幫助那些需要幫助的人。當時他心裡舒服多了，不再因為擔憂黃金被偷而終日心緒不寧，但他還是留下了一塊黃金當作紀念，放在了家中的櫃子裡，正是我今天拿來的這一塊。」

禪師點點頭，說道：「他如此善用金錢，結下了不少福緣。」

唐先生又接著說：「的確如此，岳父在捐出了那一百萬之後，心裡雖然高興，但還是有一絲煩惱，就是因為剩下的這塊黃金還在櫃子裡。不久前，他終於明白了，認為自己年紀已經這麼大了，沒有必要為這種身外之物心煩，就吩咐我帶著黃金來參謁師父，讓我把這個最後的煩惱也扔給師父吧！」

禪師了然而笑，問他：「現在他是不是覺得很輕鬆了呢？煩惱也該都消除了吧？」

唐先生禁不住笑道：「師父所言極是！岳父很高興，說自己再也沒有無謂的煩惱了，他說自己應該做的都做了，願師父能成就他完成濟世志業，多行善事。」

由此可見，錢財的多少不代表著幸福與快樂的多少，有時候人擁有的錢財越多，心中的煩憂反而越多，這都是因為對於錢財始終是看不淡。

殊不知看得越重，心中的負累就會越重。

愛財的人沒有不拜財神的，據說過去的人們就是將范蠡拜做財神，這其中有個故事。當年范蠡忍辱負重幫助越王勾踐復興了越國，本該升官發財，但他心中相當清明，明白越王勾踐是個可共患難卻不能共富貴的君主，所以就急流勇退，從此隱姓埋名了。傳說他帶著西施居住在陶這個地方，被稱為陶朱公，後來因為會做生意發了跡。但他並不貪財，把掙得的錢財前後三次全部佈施了出去，每次都是散財之後再重新做生意，是為被人稱道「三聚三散」的善行。他如此作為，最後得到置千金之產五次的果報，不可謂福報無盡。

這才是真正善用錢財之人，心中無有錢財，反而能得到更多錢財，因為他終生沒有被錢財所奴役，而是成為了金錢的主人。

弘一大師自從出家後一直過著極為樸實的生活，對於錢財卻有著高瞻遠矚的看法。他認為，人創造財富，其實是一種幫助自身達成目標的手段而已，一方面金錢能滿足生存所需，一方面有了更多錢財可以幫助更多窮苦的人，扶貧濟困，廣結善緣。但財富再多，也終將歸於「無」，因為我們無法帶走分毫，這原本就是生不帶來死不帶去的東西。

此時你擁有了錢財，只代表一個人有所福報，倘若能夠正確地使用手中的錢財，才是體現了善心與智慧。

看看世間的眾生，有多少不是南來北往，為了財富而疲於奔命，被身外之物所牽絆而不自覺。他們眼中只有金銀，卻不明白如果人得一望十，得十望百，得百望千，得千望萬，如此貪婪無饜且習以為性，將逐漸喪失自我，終日只為獲得錢財而消耗生命，對於生命中其他寶貴的東西視而不見，精神貧乏，一輩子也逃不脫金錢鑄造的牢籠。

因此弘一大師才用善心善德教導我們，人生在世應當明白，將有形的物質轉換成無形的功德是更大的成就，如此就可以擁有「富中之富」的美麗人生，不但手頭富裕，精神更是富裕滿溢的。面對錢財，我們不如轉變心態，放下執著，將「擁有」的煩惱拋諸腦後，使得有形的物質換成無形的功德，學習在富裕的環境中培育大愛。

內心擁有大自在的人，才是真正富裕，真正有智慧的人。

◇開悟箴言

錢財可以用來買到許多東西，但也有許多東西，是再多的錢財也買不到的。

獨樂樂不如眾樂樂，如果自己的財富有一定盈餘，為何不能大方慷慨一些，幫助那些急需要幫助的人呢？

吝嗇只會令人於人群中被孤立，這樣的人即便每日躺在金山銀山裡，也體會不到分享與助人的快樂。所謂「一家保暖千家怨」，當你在錢財上有能力幫扶別人時卻不肯伸出援手，等到你遇到困難時，還會有人願意幫助你嗎？

世間的許多有錢人都是可憐人，他們每日外出需要保鏢跟隨，每日出門在外擔心家中財寶，整日提心吊膽，身心不安，如此怎能享受生活的樂趣？身心不安則精氣不濟，精氣不濟則煩惱不斷，煩惱將是源源不斷的。

錢是賺不完的，誰也無法成為世界上最富有的人，但只要內心滿足安定了，你就是這世上最富有的人。

散財佈施是積累功德，這樣的功德能保你平安穩定，不受心魔侵擾。這樣的你無論走到哪個地方都會受到歡迎，受到你的感染……將善心傳遞出去，你才會得到真正的大自在。

世間最可憐的人，是一輩子追求金錢卻最終什麼也帶不走的凡夫。

言行知禮恭謹，才能滋養品德和名譽

人以品為重，若有一點卑污之心，便非頂天立地漢子。品以行為主，若有一件愧怍之事，即非泰山北斗宏儀。見事貴乎理明，處事貴乎心公。於天理汲汲者，於人欲必淡；於私事耽耽者，於公務必疏；於虛文熠熠者，於本實必薄。

——弘一大師

這是一個小沙彌與鐘聲的故事。

眾所周知，在佛教寺院裡，如果要號令眾僧，敲響大鐘就可以。除此之外，鐘聲還有其他的作用：在寺廟中，清晨的鐘聲是先急後緩的，這是為了警醒大眾，黎明到來長夜過去，不要再放逸於睡眠；夜晚的鐘聲是先緩後急的，這是為了提醒大眾，應當在身體最容易懈怠時覺昏衢，切勿昏昧。

僧人們一天的作息，正是始於鐘聲而止於鐘聲的。

某天，寺廟的禪師從禪定中醒來，恰好聽到從外面傳來悠揚的鐘聲。禪師靜心一聽，專注地豎起心耳，仔細感受著鐘聲，有所頓悟。等到鐘聲停了下來，他召喚門外的侍者，問他：「今天司鐘的人是哪位僧人？」

侍者問了問，回答禪師道：「師父，今天司鐘的是一位新來的沙彌，他剛剛來到我們寺中參學。」

禪師便要侍者召喚這小沙彌到座前，問他：「小沙彌，能告訴我今天早晨你敲響大鐘時，心裡在想些什麼嗎？你是懷著什麼心情來敲鐘的？」

小沙彌摸摸頭，並不知道禪師為什麼要這樣問，回答說：「師父，我並沒有什麼特殊的心情呀！」

禪師搖搖頭繼續問他：「不會吧，你敲鐘時心裡一定想了些什麼，因為我覺得今天的鐘聲格外清亮，只有心思沉靜，正心誠意的人，才會讓大鐘發出如此動聽的聲音！」

沙彌這時才想了想答道：「啊，師父！其實我真的沒有刻意想著什麼，只是我記得曾經家師對我的教誨，他說我每次敲鐘之時心中應該明白鐘即是佛，對待敲鐘這件事就應該像禮佛一般，理應虔誠真心，要禪心入定，以禮佛之心司鐘。

禪師聽了之後極為欣慰，對他說道：「小沙彌！你的修行很好，願你往後面對任何事物時，也都能保有今天司鐘時的禪心。」

小沙彌受教得益，從此更加虔誠，日日端正禪心，從而養成了恭謹的習慣，因而在做任何事時都不會妄念，並一直記得這位禪師對他的開示，將司鐘的禪心持之以恆保持了下去。最終，小沙彌成為了一代宗師。

故事中的這位禪師為何專注於鐘聲呢？因為他認為，從簡單的鐘聲裡也能聽出一個人的品德，覺察出敲鐘人的禪心幾何。俗諺有云「有志沒志，就看燒火掃地」，還有言道「從小一看，到老一半」，小沙彌雖然年紀小，但他在司鐘時都有一顆恭謹敦厚、敬鐘如佛的禪心，由小見大，見微知著，難怪將來在修行上能有所成就。

若是平素就態度恭謹知禮，凡事帶有幾分禪心，何愁品德不正，不成大事？

晏子正是一位品德出眾之人，他曾擔任齊國宰相，智慧卓越，行事常有出人意料的時候，但由於他博見多聞、熟知禮儀，從來不曾失禮於人前，授人以柄。反而，他的行為常常令人尊敬佩服。

曾經有一次，晏子帶著使命出使魯國。孔子得知了這件事，立刻讓門下的弟子前往，跟隨學習，虛心地觀看晏子的德行。

晏子抵達魯國，禮貌地拜見了魯君，但禮儀結束之後，孔子的弟子子貢回來對孔子稟告說：「為何世人都說晏子熟習禮儀呢？我看不然。古禮上說得很清楚，登階不曆，堂上不趨，授玉不跪。今天晏子所做的事情顯然與此相反，實在令人不敢苟同，怎麼能說他熟習禮儀呢？」

晏子拜見魯君完成了自己的任務，前來與孔子相見。孔子便問晏子道：「先生，古禮規定，登上大殿臺階時應當依次而行，不可越級，因而在朝堂之上，我們切不可疾步而行。而在接受圭璋時，並不需下跪的。然而近日先生所作所為都與古禮法背道而馳，這樣合乎禮法嗎？」

晏子聽了之後坦然一笑，回答說：「晏嬰也研習古禮，知道在兩楹之間，國君與臣子應當有各自固定的位置，若是國君走了一步，臣子就該行走兩步。今日，因為魯君快速登上臺階，在下唯恐來不及，只得越級而上，才不得不在朝堂上疾步行走，為的是能夠及時走到我應該站的位置上哪。另外，由於魯君授玉的姿勢太低了，我如何能不跪下來承接呢？否則不是對魯君的失禮嗎？在下也聽說過，君子為人處世，謹守大節是應當的，可如果僅僅在小節方面稍微有些出入，那應該是沒有關係的呀！」

聽完了這些話，孔子與晏子又交談了一陣，用賓客之禮親自將他送出屋子。孔子回來之後，即刻召喚來自己的門下弟子，對他們說道：「禮，貴在因時制宜，而不應逐字逐句照搬書本……像今日這樣不合乎常法的禮儀，也只有晏子才能靈巧應變，行而有節啊！」

言行上知禮恭謹是無可厚非的，但也不需要拘泥於小節，只要在大節上實施了真正的德行，也依然能夠使人信服，讚嘆其優良的品德與氣度。晏子聲名遠播，美譽在外，與他熟知禮法的真諦可謂是密切相關。

我們學禮就應當從真心實意出發，切勿流於表面。

弘一大師從品行中悟出的道理，也正是此中深意，做人要以品德為重，而修養品德需要從端正態度做起，先知禮而恭謹待人，無論對於前輩師長還是平輩友人，都要將這點做到實處。

《菜根譚》中說道：「文章做到極處，無有他奇，只是恰好；人品做到極處，無有他異，只是本然。」也是主張要從最樸素實在的本然開始修養品德，一個人的思想品格、言行舉止，應該是發自於內心而自然表現出來的。如果人們是為了達到某種功利的目的而規範言行，矯揉造作，刻意掩蓋自己真實的面目與內心，將自己的本性一步步扭曲，其品德必定低下，為人虛偽可恥。

只有那些由內心真實散發出來的德馨才是香味綿長的，如此品德無需吹噓誇大，自然而然會使人獲得人生的桂冠和榮耀。

賢良品德，才是一個人生命中最高貴的財產。

◇開悟箴言

高尚純良的品德是人確立其地位、身份的本然，是一個人在信譽方面的全部資產。因而如果品德不具有鞏固的根基，態度狂妄自大，一個人是不可能得到寶貴的名譽的。

端正的態度、優良的品德比財富更加具有威力，能幫助人們在為人處世中解除煩腦，能使所有的榮譽與聲名都得到公平的保障。

態度的好壞決定著一個人是否能夠養成高尚的品德，而品德比其他任何東西都更大範圍地影響眾人對他的信賴與尊敬。

當我們向人學習、有求於人時理應態度恭謹，知禮知恥，但在其他時候，也理應保持這樣的態度，這樣才能使自己德行完備，不怕有人詬病。

知禮恭謹本身就是高尚德行的體現之一，是君子提倡的為人之道。

自我標榜也許與眾不同，但急於求名實乃無根之樹

千峰頂上一茅屋，老僧半間雲半間。昨夜雲隨風雨去，到頭不似老僧閑。

——弘一大師

唐代詩仙李白寫有一首著名的《草書歌行》：少年上人號懷素，草書天下稱獨步。墨池飛出北溟魚，筆鋒殺盡中山兔。八月九月天氣涼，酒徒詞客滿高堂。箋麻素絹排數廂，宣州石硯墨色光。吾師醉後倚繩床，須臾掃盡數千張。飄風驟雨驚颯颯，落花飛雪何茫茫！起來向壁不停手，一行數字大如鬥。怳怳如聞神鬼驚，時時只見龍蛇走。左盤右蹙如驚電，狀同楚漢相攻戰。湖南七郡卂幾家，家家屏障書題遍。王逸少，張伯英，古來幾許浪得名。張顛老死不足數，我師此義不師古。古來萬事貴天生，何必要公孫大娘渾脫舞。

對於懷素，李白算是瞭解得十分深入，他感嘆其草書的靈動，認為其獨步天下，心中佩服之情溢於言表，又道他「古來萬事貴天生」指明的是懷素練就草書的事情，無非是說他的草書是一種渾然天成的成就，與其努力有關，也與資質有關，更透露了一絲水到渠成的意思在裡面，是以稱讚。但李白為何在其後寫道「何必要公孫大娘渾脫舞」呢？其實這裡話鋒一轉，是用這件事來嘲笑杜甫了。當年，杜甫在《劍器行》裡說，張旭因為觀看了公孫大娘舞劍而深受啟發，所以才練就了宛如舞劍氣韻一般的草書修為，靈動異常，言辭之中多有褒揚，也有羨慕的含義。然而張旭借鑒於人得到的成就，又如何比得上懷素的「貴在天成」呢？

有些東西是借鑒不來的，渾然天成才是最為可貴，天生就可成就的才能與名望總能令人豔羨無比，難以企及。

對此，有人難免會感慨老天不公，但五蘊無常，這世上原本就有諸多事是強求不得的，天生的才華如此，身外的功名利祿也是如此。

爭或不爭，執意尋求與眾不同的形象、名聲、功利，實際上仍然是執念作祟，不懂得隨心而動，從而喪失了自己賴以發展的根基。

對此，弘一大師偶然得了一首詩，卻也算是必然所得，他用淺顯易懂的筆墨解答了如此深邃的人生哲理。他說，高山頂上蓋有一間茅草房，一位老和尚就住半間，而白雲住了另外半間。誰能料想到了晚上，白雲跟隨風雨走了，不知飄向了何方，它看起來自由卻終究不如老和尚自在清閒。這首禪詩的意思其實很簡單，說的是做人一定要定下心來紮根於某處，才能像老和尚那樣恬靜，而不應該像雲一樣到處飄飛，無所蹤跡。如果做人不知道定心生根，老是像白雲似的飄來拂去，追尋那不可企及的風雨，那麼即使擁有了再大的房屋，也無法使人停留安定。

一世功名，不正如那來無定時的風雨一樣，看起來觸手可及，可總歸看不住、握不牢嗎？

根基尚且不知在何處就要追求那些虛無的東西，等待你的就只有失敗與失望。而為了達到目的不惜自我標榜，往自己臉上貼金，那更是錯上加錯。正如我們日常在房中打掃衛生，常常拖開光潔的傢俱後，看見的卻是它們下面骯髒的灰塵。由此可知，許多事物具有光潔光鮮的一面，那也不過是為了藏汙納垢而鑄造的表象罷了，並不是真正的乾淨。如果掃除時不清掃角落裡的狼藉，那就只是在做表面功夫，讓自己以為屋子已經完全乾淨了而已。

人可以不成功，可以失敗千萬次，可以不具有光鮮的功名，但絕對不該自我標榜！有的人所謂清正廉潔，只不過是還沒有機會腐敗，骨子裡並不是當真高風亮節；有些人所謂心境清純，只不過是言行舉止上的裝模作樣，心底裡其實比誰都狠辣老練；有些人所謂品格高尚，只不過是用他人的座右銘在粉飾自己的卑鄙下作，實際上根本是言行不一。

做人，不應該害怕沒有清廉的美名，不應該害怕沒人稱讚自己兩袖清風，不應該擔心被人斥責手段狠毒……怕只怕，不敢坦誠面對自己，掩藏真相，自我標榜。

執意追求一個好的名聲，一個好的稱謂，卻不肯改變自己，不願意正視自己的缺失，這樣刻意求來的「名」不如不要，不如捨棄！

相反，我們只要能勤於自修，踏踏實實做人做事，紮根於腳下的土壤徐而圖之，才是通達之道，才能使自己站得住行得穩，才能為將來做更多的打算，甚至趕超前人。

好高騖遠是人生大忌，容易給人營造海市蜃樓一般的成果。我們需要牢記，只有一步步前進推動得到的一切，方是撼動不了的奠基石。

◇開悟箴言

你要知道自己的根基是什麼，根基在哪個地方，什麼東西是你可以賴以生存的資本，不要搞不清楚就開始追逐功名利祿，那將是本末倒置，竹籃打水一場空。

尋根之路從表面看來或許是慢了半拍，但這樣紮根而行的人，往往能後來居上。放棄自我標榜的行徑吧！好聽的名聲從來不是通過自己宣揚就可以促成的，世人不都是傻瓜，他們經由五官，懂得區分真正的德行善心與虛偽狡詐，到那時，你將身敗名裂，難有翻身之日。

順其自然，日日勤奮，較之於其他流於表面的功夫更加有效，提高自身的本事與內心修為，比什麼大話虛言都強。

失敗對一個初出茅廬的人來說，並不是壞事。有時人們就是缺少困難險阻的歷練，以為成功來得太容易了，日後才會一敗塗地，反而是那些從一開始失敗過多次的人才會在為人處世時倍加謹慎，認真學習，奮鬥不懈，不會將虛名看得太重，從而能腳踏實地獲得成就。

一個人只有穩紮穩打，在打好的根基上吸收養分，才能保持適宜的成長速度，不至於揠苗助長，也不至於眼高手低，才能夠如大樹一般頂天立地，在天地間擁有一片自己的浩瀚空間。

切勿攀附權貴，名譽不是強求沾染而來

競標榜、邀權貴、務矯激、習模稜，此市名也。名譽及利養，愚人所愛樂，能損害善法，如劍斬人頭。阿諛取容，男子恥為妾婦之道。辱身喪名，莫不由此！求名適所以壞名。名豈可以市哉？

——弘一大師

在日本有一位無三禪師很受人景仰，禪師禪心玄妙，常常語出珠璣，但他的出身不好，這曾一度是他的心病。禪師出家前是耕田的農民，在古代的日本，這樣的身份被視為賤民，是沒有資格出家當和尚的，但無三禪師當時一心向佛，想要皈依佛門，為了達成心願，他只好假冒了士族之姓，遁入佛門。

無三禪師修行順利，德行也高，後來被他所在的寺廟中的僧人推舉為住持。

這天，就任儀式開始了，突然有人從大殿下冒了出來，手指無三禪師，嘲笑道：「哼，一個出身賤民的人居然也能當和尚，而且還能當住持，這簡直太可笑了！你們這些愚昧的人都被他蒙蔽了，還不快將他從法台上拉下來！」

主持就任儀式本該莊嚴隆重，沒有人料到會出現這樣的情況，而且這個人不知是從何處得來的消息，難以辨別真假。一時間，在場的僧眾都有些不知所措，不知道如何處理才好。這時，並沒有人立刻站出來支持這個人的話，但大家也無法反駁，只好靜觀事態的發展，想看看這個人能否拿出來什麼證據。

儀式就此中斷了，此刻周圍一片靜謐，眾人能聽見彼此的呼吸聲，他們都為無三禪師擔憂，心裡不願相信這件事，但也不知如何幫助。

無三禪師站在法台上，面對這個突然跳出來的人，非但沒有面露尷尬，而且從容地回答道：「泥中蓮花。」

啊！這是多麼精妙的佛禪悟語！僧眾聽了都不約而同地點頭，為禪師喝采叫好。那個想要刁難禪師的人這時也不知如何駁斥了，無言以對，對於深諳佛法的無三禪師衷心佩服。

就這樣，禪師的就任儀式重新開始，僧眾沒有將剛才那人的話放在心上。反而，由於禪師說出了這麼一句佛禪妙語，使得他的威信更大了，也有更多的人擁護他並尊重他。

在佛學中是沒有權貴之分的，也就沒有貴賤的差別，無論是誰，只要他專心修行，對於佛法領悟透徹，他就是佛家的好弟子，不僅可以當住持，就算成為受萬人敬仰的法師也不無可行。因為他是以自己的德行和胸襟贏得了眾人的尊崇，而並非利用其他的身份來證得名譽，眾人由衷信任他，尊重他，這種情感是發自於內心的。

所謂「心佛眾生無差別」，眾生平等，身份名譽都是外在的東西，存在的等級之分不過是權力階層為了自己的利益才做出的劃分，並無實際意義，我們又何必為了得到這些而苦苦奮鬥呢？

在泰國，國王將相對於披上袈裟的出家人都是禮遇有加，尊重非常。而在寺廟中，即使是地位尊貴如皇帝，他一旦出家，也如同其他僧人一樣只是佛家的弟子，並無高人一等。泰國人認為，那些出家為僧的人，具有高尚的德行，就值得他們敬禮膜拜，其出身如何沒有什麼可以計較的。即使不信佛，作為普通人，也真該多多學習僧人們對於身份地位的認識，不要迷信身份權貴，要多關注於自身，才是有利於修養與品行提高的作為。

在中國古代，出家人尊奉的也是「上與君王同坐，下與乞丐同行」的境界。之所以敢於與君王同坐，是因為僧人本身具有尊貴的德行，與君王同座也不會感覺低人一等；又正因為德行甚高，能使君王欽佩並對他們敬仰，自然願意與其同坐。他們願意與乞丐同行，則是因為看透這世上並無高低貴賤身份的差異，因為能將乞丐也視為與其同等的人，誠心以尊重的態度去納受他們。

權貴的出身並不能使人品德高尚，人的品德來自於內心修行，既如此，攀附權貴也無法受人真心敬仰，我們又因何要攀附權貴呢？

真正值得眾人禮敬的法師，都具有淡泊名利的心境，從不在意是否能結交權貴，更不在乎是否能得到權貴之人的認可……他們每日做自己該做之事，行自己該行之路，一往無前。

弘一大師鑄下的美滿名譽，便不是攀附權貴得來的，儘管他一直具有這樣的條件。他是真正能夠看破名利的人，論起出身，法師出身於一個富商家庭，對於「利」字的優劣瞭解甚深。年輕時代，他還留洋日本讀書，當時無限風光，也博得了一個「名」字，使得許多人都羨慕他。但他後來明白，旁人並非羨慕他這個人，而是羨慕他身上的名與利。如果失去了這些，還有多少人會對他趨之若鶩呢？他心裡有一面明鏡。

當他處於人生最鼎盛的時期時，他身邊有多少人想接近他，以為攀附他這個「權貴」能得到什麼好處，沒想到他卻在這時拋下所擁有的名利，想要回到最本然的自己，出了家。由此，弘一大師通過周圍人們的反應領悟到了更深刻的道理，那些失去了他的照拂得不到名利的人都紛紛反對，只有真正愛護關心他的朋友家人表示了理解，支持他的決定。

在他看來，名與利都是愚人喜好的東西，並不能給人以智慧與幸福，它們除了能損害佛法的功效，還像是一把利劍能將人殺死。

我們在這個充斥著誘惑的世上，應該避免標榜自己、攀附權貴的做法，以免喪失美名與善德。競相自我誇耀宣揚，不僅會增長人傲慢的不良習氣，還會導致人不斷追求浮華虛榮。唯恐落在人後的想法本身沒有什麼錯，但如果太過執著於此，將增長人們好勝好鬥的習慣，從而變得時常與人對立、衝突、鬥爭。謀求逢迎權貴同樣不可取，那些整日諂媚權貴，目的在求取名聲地位的人，其實是在無形中毀辱身家，敗壞自己的名聲。

看看那些攀附權貴的愚人吧，他們有哪一個不是為了求取虛名、背離道義而來的？求取名聲這一行為就是在敗壞名聲，如此作為就已經使自己喪失了人格。

名望聲譽如果是這樣就可以輕易得來的，那聖賢尊者還有存在的意義與價值嗎？

好好珍惜你的名譽吧，不要輕易揮霍你本身的良善與純真。

◇開悟箴言

名譽不只是榮耀，它本身也是一份責任。不要以為名譽不會帶給自己煩惱，要知道當名譽超過了自己本該承受的程度，就變成了無盡的壓力。

許多人為名譽所累，一開始或許他的確是因為攀附權貴才得到了名譽，但在後來為了堵住悠悠眾口，為了名副其實，他往往要付出更多的努力，不停去完成新的任務。然而，如果他並不具有這樣的能力，那麼就有可能從始至終在追趕自己頭上的光環，而不得安寧。

你看看自己，是擔心自己得的名譽低，被別人看低了，還是害怕「盛名之下，其實難副」呢？如果你憂心忡忡，請反省自己的作為是否太過執著。

培根曾這樣說過：「真正之名譽，在虛榮之外。」名譽就好似一條奔騰不息的河流，讓輕飄虛渺的東西浮在上面，而使沉重堅實的東西沉到水下，你終究不能兩者兼得。

與名譽學生的是虛榮，如果它可以用攀附他人而得到，就註定這樣的名譽不值得你追逐，你的虛榮心太重了。

虛名的確可以為我們帶來一時的心理滿足，這也使得爭虛名的事不斷發生。一個人為了虛名不擇手段，甚至攀附權貴、放棄自尊，已經是做出了失德的事情，沒有資格成為一個真正的君子或有識之士。

一個名譽得到了，你的下一個目標又出現了，這樣你什麼時候才知道滿足？不知足，因為得不到而產生的，將是數不清的煩惱與焦躁。

我們應該正確看待名譽這種東西，順其自然，通過非常手段來走捷徑難免得不償失。

品行端正首先心內有理，搖擺不定易損名譽品格

唯具超方眼目，不被時流籠罩者，堪立千古品格。欲做精金美玉的人品，定從烈火中鍛來。

——弘一大師

佛陀住在喜馬拉雅國的樹林時曾召開了一次開示會，他在會上說起了無惡不作的魔羅的故事。

喜馬拉雅國的國王在當時不施行仁政，時常欺壓老百姓，佛陀每每看到有人被暴君殺害時，心裡都會非常難過，但他沒有辦法阻止他。佛陀心中就產生了這樣的念頭，難道這世間就只有殺與被殺，征服與被征服麼？難道就沒有快樂和施與快樂，只有悲傷和施與悲傷嗎？國王其實可以憑藉公正和正義來治理國家的呀。

魔羅從這裡經過，便感覺到了佛陀的想法，他不由得生出邪念，心想佛陀正在思考關於國家統治的問題，莫非他是想搶回自己原本的統治權？不過他所想到的這個統治方法太軟弱了，只會讓百姓放逸懈怠而已，太不現實了！倘若他真的想重新統治這個國家，嘿嘿，這可是我的機會，何愁不能趁機俘虜他？但是，我需要先誘發他對統治產生無窮的欲望才行。

魔羅便來到佛陀跟前，勸說他重新奪回自己的皇權，他對佛陀說：「世尊啊！如果你能掌握了統治權，不僅你將變得更快樂，世人也將變得更快樂。到那時，沒有人再殺生，也沒有人會被殺，國家與國家之間也再沒有侵略，也不會被侵略。百姓也不再悲哀，因為世上將只有公正和正義。」

佛陀不動聲色地問魔羅說：「魔羅哪！你為何要找到我？鼓動我這麼做對你有什麼好處呢？」

魔羅笑著回答他道：「世尊啊！你不是凡夫，已經是一個偉大的人啦！只要你願意，可以先把腳下這座喜馬拉雅山變成無數的黃金，那麼我就能用這些黃金讓世人過上他們想要的生活，自然就沒有悲哀與殺生啦，因為大家都能得到滿足！而你也可以施行公正和正義，圓滿地統治世界啊！這難道有什麼不好的麼？」

佛陀搖搖頭，回答魔羅道：「如果整座山都是黃金，而且是質地最好的黃金，這對一個人來說也是不夠的。人應當正義地活著，知道苦如何產生，這樣才不會沉迷於肉欲與物欲的享受。人應當知道自己基本的痛苦是來自這世間的系縛，如此才能充分地調禦自己，放下這些，克服這世間所有的束縛！」

佛陀內心的主張堅定，他這是告誡魔羅，他與其道不同不相為謀，讓他不要再來了！

魔羅只好神色不甘地走了，他心裡明白，自己根本不能動搖佛陀心中的真理。

人之所以能不被誘惑所左右，不是因為誘惑多或是少，而是因為心中具有堅固的倫理道德，是自己的品性德行築起了一道高牆，阻止了外界情欲與物欲的闖入，杜絕了心中魔鬼的產生。

但世上的大多數人都有一種不好的習性，那就是隨大流，在某些事情上容易受人迷惑，別人向東他也向東，別人向西他也向西，老是搖擺不定，沒有自己的主見。這樣的人自身的內在修養不夠深，德行不深，當然就會猶如牆頭之草，在風力的作用下，往往容易迷失自我，失去前進的方向。

對此，弘一大師給我們一句真言作為警示，人只有獨具慧眼，不在人群中隨波逐流，才能稱得上具有千古流傳的美好品格。要有這樣的品格，接受錘煉是必不可少的過程，只有歷經火一般的考驗，才能養成精金美玉一樣的品格。

從弘一大師出家修行的行為中，我們就能看到如此蛻變形成的過程。

很多人不知道，佛教分為律宗、禪宗、淨土宗、密宗、華嚴宗、法相宗等多個派別，過去有許多文人學子如果打算學佛大部分都會選擇禪宗，其次選擇法相宗、密宗，很少會有選擇律宗的。這似乎在當時成為了一種風潮，在弘一大師生存的那個時代也正是如此，這主要是因為律宗一向戒律繁多，規矩嚴格，常人難有受持圓滿者，所以律宗才日漸衰落被人遺忘。然而弘一大師心中自有見教，面對多數人躲之不及的情景，他思慮再三，義無反顧地投身于律宗之中，可謂是獨樹一幟。但他也並非說說而已，刻意標榜自己，他出家之後以振興南律宗為己任，每日精研戒律，說到做到，堅持不懈地學習佛法，最終成為了一代宗師。這是因為他心中當真有佛，誠心禮佛，才能持之以恆！

法師的作為，便是「不被時流籠罩者，堪立千古品格」的最真實寫照，值得眾人景仰。

可見要使自己品行端正，當從修煉內心開始：存悟真理，堅定信念，切勿搖擺，謹守自身！

◇開悟箴言

這個世界上並不存在絕對的對與錯，所以常常會出現「公說公有理，婆說婆有理」的情況，如何選擇呢？你需要培養自己為人處世的原則。

大多數人的意見有時也並不代表著真理，我們不能透過支持的人數多少來判定某件事的對錯，人云亦云是最要不得的。

在諸多事情中都是當局者迷，然而旁觀者也不一定全明白，是是非非最難把握，如果沒有一個標準來衡量評斷，任何人都有可能犯錯。

人應當保持自己的本色，具有自己的原則與認知，形成自己的世界觀、人生觀與價值觀，凡事要多思量，這樣才不會隨波逐流，被淹沒在世俗的眼光裡。

搖擺不定的人容易讓自己道德流失，因為他不知道在服從他人意見與看法時已經失去了本真，其道德品質的盾牆是極為薄弱的。

第五章 處事卷

心智上乘，慈悲不是一個名詞

什麼是真正的慈悲心呢？這一直是個長久不容易解決的課題。有的人認為在如今這個時代，什麼都可以造假——或許表面現象的確如此，但若往深一點去看，我們就會明白，其實不然。不管他人如何，我們自己在發起慈悲心時，應當都是發自於內心的真誠態度，不該虛假造作。

真正的慈悲是發自於內心有利於他人的想法、作為，不是以作秀為目的，更不是獲得名譽聲望的工具。人只有悟入真心，才能真實地啟發慈悲心，做出有利於他人的善行。首先，我們需要明白為什麼要培養慈悲之心，凡事帶有功利性的根源都是不純粹的，是需要摒棄去除的。

君子樂得做君子，小人冤枉做小人

小人樂聞君子之過。君子恥聞小人之惡。此存心厚薄之分，故人品因之而別。

——弘一大師

在唐朝時，有一位龍潭禪師年幼未出家時很窮，當時依靠賣餅為生，上無片瓦遮身，處境十分可憐。不久，他遇到了道悟禪師，禪師仁慈，將自己寺廟旁的小屋子借給他居住。

年幼的龍潭對禪師格外感恩，為了聊表謝意，他下決心每天都做十個餅送給道悟禪師，而道悟每次接到餅都會送回一個給龍潭，並且微笑著祝福他道：「孩子，這個餅是給你的，我祝福你以後子孫繁昌！」

他對於禪師的行為不是很理解，終於某天忍不住問他為何要這樣做，道悟禪師卻哈哈笑著說：「這是你送來給我的，我又贈送給你有什麼不對呢？」

龍潭頓時有所開悟，後來出家做了和尚，再後來成為了受人景仰的禪師。

在道悟禪師看來，取之於人就當回報於人，這是很自然的事情。所謂的君子，眼中所看到的世界不是哪一個人的，而是眾生的，因而我們為人處世需要牢記得之於社會並回饋於社會，他人好也就是我好，大家好才是真的好。

禪師對於龍潭偉大的祝福，不僅是生活的真理，也是人生的真理。他有此領悟，是因為心界高闊，稱得上是位實實在在的真君子。

世人常說君子如水小人如油，其實君子小人不過一念之間，他們的最大差別是在心量與眼界上。正因為心量與眼界不同，其行為舉止才有了狹隘與寬厚之分。

據說蘇東坡曾經有一次去拜訪高僧佛印，兩人相談甚歡。正談得興起的時候，蘇東坡突發奇想，忽然把佛印的袈裟披在身上問他：「大師，你看我現在像什麼？」

佛印淡笑著答曰：「嗯，像佛。」說完反問蘇東坡：「那麼，你看我像什麼？」

蘇東坡受到佛印誇讚有些得意忘形，有心刁難大師，就故作不屑地說：「我啊，看大師像一堆牛糞！」

佛印聽了只是笑了笑，沒有言語。

蘇東坡回家之後還很得意，便將這件事告訴給了蘇小妹。蘇小妹聽完之後不以為然，而是立刻給他潑了冷水道：「唉，你這回可是輸慘了，太失禮了！」

蘇東坡疑惑不解地問：「你為什麼說我輸了呢？」

蘇小妹輕嘆一聲，告訴他：「一個人心中是何種事物就會看到何種事物，佛印心中有佛，因而才會將你看成一尊佛。而你呢，因為心中存有汙穢的東西，所以才會看到牛糞。論心界胸襟，你都與佛印大師相差太遠了！」

蘇東坡頓時了然，羞慚不已。

君子和小人，是中國人從古至今說不盡道不清的話題。小人和君子究竟有多大差別，從這個故事裡就可窺見一二。

弘一大師對此體悟良多，他認為，小人總會樂於去打探君子的過錯，但是君子卻以知道小人所做的壞事為恥辱。這句話正是說明了君子與小人在心胸上的差異，一個人胸襟、氣度或心界寬廣與否，從這點就可以看見他們兩者之間的差異。

「小人樂聞君子之過。君子恥聞小人之惡。」這句話包含深意，就是告誡人們，君子與小人只是在存心上有微小的差別，但表現在行為上就截然不同了，這便是讓人們時常警惕，要把握住自己的存心，事事關照住這顆心，才可免於墮落為小人。

我們在生活中難免遇到一兩個與自己相處不來的人，或許是因為脾性有別，或許是因為見解不同，總之不讓你喜歡。但也會碰到讓人心生歡喜的人，你看到他就覺得心情舒暢，想要親近。但實際上，喜歡或是討厭，這與對方本身無關，之所以會產生這種感覺的原因都在自己身上。有時，我們因為太過執著於色身，才特別希望遇到的人事事順著自己的心意，喜歡自己並對自己好，還希望身邊之人能為自己發生改變，依照自己的習性來生活。

但是，我們可想過，是否應當為別人先改變自己呢？

君子或小人，就是這樣處在一線之隔，河流兩邊，皆是因為我們見到的世界全然是自己內心的反映，才會對某些人親近、喜歡，對某些人疏遠、憎惡。

我們回想一下平日所為，是否在自己心情開朗時，覺得大多數人對自己都是友善親切呢？而在自己心情煩躁時，即使親人對自己說了一句告誡的話，都覺得他面目可憎、與你為敵呢？實際上，如果我們的心能時刻充滿了安靜祥和，無論在哪裡也一樣歡喜自在，無論遇到誰都不會心生鄙夷。

一個心靈充滿了清淨與智慧的人，即使見到一花一草都能感悟出真理，看到每一個人都覺得對方是自己的導師。所以說，慈悲之人教授他人慈悲之道，隱忍之人教授他人隱忍之道，大悟之人教授他人觀心之道。當我們的心開始懂得用智慧去觀察周遭的一切時，人生的真理，就會時刻閃現在你所見所聞所觸及的每一個事物上。

小人則是缺乏這種智慧的，他們向來對人群充滿了懷疑，更不願相信人性本善，唯恐自己一不留心就被他人所害，生怕自己會在與人交往時失去什麼。他們之所以喜歡打探君子的過失，有的是為了用他人的過錯掩飾自己的惡行，有時只是因為他內心的陰暗與刻薄在作祟。君子以知道小人的過失為恥，是因為其本身具有較高的道德修養，認為人性純善，對眾生願意付出信任，覺得他人的惡行只是習性使然，只要個人下決心改正是可以改變的，所以君子心存善意，能夠善待、尊重所有的人。君子存心良善，且希望隱惡揚善，是寬厚的作為，他的善行還能啟發他人的善心。當君子每每聽到有人犯下惡行時，他心感憂慮，仿若自己在德行上犯下了過錯一樣，內心感覺到了羞恥，又如何會去打探並談論這些事呢？

君子是用自己的德行來保持自己的純淨之心，也期望能用自己的行為來感召小人，是為大功德、大善行。

所以說，一個人人品德行的高低決定了他是如水君子還是如油小人。為人應當善於修身，並且從端正這一個念頭開始修心自律。

◇開悟箴言

沒有人生下來就是君子，抑或是小人，我們為人修身不應以外界的條件做藉口，而應從自觀內心開始，努力端正人品德行，遠離小人行徑。

人從出生開始就在學習，一輩子都在不斷學習完善自我，但即使孜孜以求，也可能總是遇上自己參悟不透的真理，迷茫之時很容易墮落成為小人。因而，我們每日都不可懈怠，要時常審視內心，時時注意，刻刻留心。

凡夫多煩憂，與人相處時總覺得有一些有意或無意的煩心事到心裡，這時怎麼辦呢？矛盾的產生真的是他人的過錯嗎，如果每個人都如此想，那世上還有大事化小、小事化無的可能嗎？不如每日記下自己犯下的身過、心過、口過，不要間斷，這樣便能防止我們老是竊喜洞悉了他人過錯，而不知道自省。

人活一輩子很不容易，時間也有侷限，不一定能做自己想做的事，那麼……我們要將寶貴的時間浪費在與別人過不去這件事上面？像小人那樣探查別人的過失，以此為樂，其實也是與自己過不去，因為你這樣的行為會導致別人也看不順眼自己。試想一下，如果大家都把時間耗費在揭發對方過失上，對於自己本領能力的提高又有何好處呢？

這世間每個人的質素不同，受教育的程度不同，理念信仰不同，受環境影響的程度也不同……大家都是不同的個體，那麼當你看不慣別人的時候，別人也很可能看不慣你，這是很平常的事，為何要斤斤計較呢。

不知為不知，切勿不懂裝懂

強不知以為知，此乃大愚。

——弘一大師

佛陀曾在某次開示會上講述了卡魯達伊尊者的經歷。

有一次，許多在家信徒帶著自家做好的酥油、蜜糖、衣物等供奉之物來到寺院，適逢午飯時間，正好用以供養比丘們，希望能聆聽他們的開示。

比丘們享用完了食物，對他們進行了開示。開示之後，這些信徒聚在一起讚賞舍利弗尊者和目犍連尊者，覺得他們具有很高的德行。

卡魯達伊尊者從旁邊走過，不經意聽到了信徒的談話，心裡有些感觸，便對他們說：「你們不過聽到了這兩位尊者的開示，就以為他們這樣賢德。真不知，倘若你們聽了我的開示之後，會有什麼樣的感覺？」

信徒聽到他的話，以為他定然也十分精通佛法，便殷切邀請卡魯達伊尊者也為他們現場開示，也獻上了供奉之物。

卡魯達伊尊者欣然接受了，應了信徒的邀請走上講壇。

但真要輪到他主講時，卡魯達伊尊者搖了搖手裡的扇子說：「這樣好了，還是先讓我的弟子為你們開示吧！我在旁邊為你們誦經。」於是，他讓自己的弟子站上講壇，為信徒開示佛法。

他的弟子為信徒開示完畢之後，信眾走到卡魯達伊尊者面前，要求他為他們誦經，他又推拖著說：「我只有在晚上才誦經，現在不合時宜，不如讓別人來代替我吧！」於是，他又讓自己的另一個弟子為信徒誦經。

很快到了晚上，信徒來到卡魯達伊尊者面前，邀請他為他們誦經，尊者還是推拖道：「現在不好，還是等天亮了我再為你們誦經吧！」

結果這群信徒等到了天亮，卡魯達伊尊者還是沒有為他們誦經。所有的信徒都生氣了，覺得他是個言行不一的人，立刻拿起腳下石塊和樹枝要打他，他慌不擇路地逃跑了。

在逃跑的路上，卡魯達伊尊者失足摔進了污水坑。

信徒氣憤不過，來到佛陀面前說道：「尊者，當我們稱讚兩大尊者具有高尚品德時，卡魯達伊尊者因為妒嫉他們而故意炫耀起自己的德行，但當我們誠心誠意邀請他開示佛法時，他卻不斷推拖。可見他是個一無所長的人，卻裝作很有學問道德的樣子，妄想將自己與兩大弟子放在一樣的尊位上。」

佛陀聽後，對他們如此開示：「卡魯達伊尊者不是第一次跌進污水坑了，其實他在前世也曾犯了這樣的錯誤。你們不知道，前世的卡魯達伊尊者是一頭公豬。」

信徒有點兒明白了。

佛陀接著對他們說道：「卡魯達伊尊者學問淺薄，他只學會了一點妙法，卻不願意複習自己所學的學問，如此才這般徒有其表。一個人如果學習再多妙法卻不懂得重複講解，那他不是真的懂了，強裝懂得便是犯下了極大的過錯。」

信徒聽完之後都有所領悟，記下來佛陀的話，無一人犯下卡魯達伊尊者的錯誤。他們明白知道是知道，不知是不知，求學問道都不該不懂裝懂。

強不知以為知，正是一種自欺欺人的做法，弘一大師認為這是大愚。

本身不知道卻裝作知道，就是不懂裝懂的意思，這種行為的目的是為了顯示自己聰明能幹，殊不知這樣的人遲早會被他人看穿，簡直是愚癡到了極處，自損德行。法師的見教無獨有偶，早在孔子生活的時代，他就教導自己的弟子說：「知之為知之，不知為不知，是知也。」

知道就是知道，不知道就是不知道，這才是大智慧。這種觀念體現了實事求是的求教主旨，與法師的觀念如出一轍，提醒人們在修身求教時應當真誠恭敬，知道自己的不足之處，從而虛心好學，這樣才能得到良師益友的幫助，有助於自己的提升。

如果一個人看不見自己的不足與無知，在任何事物面前都擺出一副狂妄自滿的樣子，不懂裝懂，如何向人學習，如何得到別人的指導與提攜呢？時常不懂裝懂，以為自己什麼都知道了，又怎樣提高自己的學問智慧、品性德行呢？

強不知以為知，更是一種對自己不負責任的態度，給自己設置下障礙，阻礙了自己的求學之路，所以法師認為「此乃大愚」。

不懂其實並不是什麼可恥的事情，因為沒有人從一開始就懂得一切，大家都是且學且進步，有什麼丟人的呢？比別人懂得少，懂得比人晚都不是什麼可恥的事情，如果有人笑話你，那是他個人修養不夠，遲早也會被他人笑話。不懂而非要裝懂，往往說不了兩三句話就容易穿幫，到那時才是真的失了顏面與德行。

學問之道，貴在實事求是腳踏實地，切勿不懂裝懂。

◇開悟箴言

「不懂裝懂」是愚昧並且對自身不利的行為，若想學到真學問，就該改掉這個不良的習性。

每個人都不能成為完全意義上的萬事通，總有一些事比別人晚一些知道、懂得，這與人們接觸知識的時間、機會有關，不值得我們引以為恥。

不懂而承認不懂，說明這個人在求教的態度上嚴謹、認真，是誠實的求教者，被求教者定然願意傾囊相授，因為這人的思想素質優良，可謂「孺子可教」。相反，如果不懂而不敢承認不懂，說明這個人在意面子多過於真實的學問，求教的態度不端正，被求教者定然要猶豫一番，因為這人的人品德行不夠好，即使教了他再多的東西也可能是無用的。

「不懂裝懂」是不坦率、不真誠的行為，在儒家看來便是有失品格。為何你要用無價的品格，去換取毫無價值的表面成就呢？真正的愚昧不外如是了。

無事生事的人，薄福損己

本無事而生事，是謂薄福。

——弘一大師

世上有的人常常會無事生事，令人無奈。

曾有這麼一個年輕人，有一天照鏡子，覺得鏡子裡的自己臉色幽暗蠟黃，頓時心生不安，以為自己可能生病了。為了搞清楚自己是否真的生病，他去圖書館借了一本醫學書籍，認真查看，想判斷一下自己患上了什麼病症。

這位年輕人翻閱書籍，將書中的許多描述與自己身上的症狀做了比較，驚恐地發現，自己原來患有霍亂好幾個月的時間了，一下子被嚇住，愣了好半天才緩過神來。

這時的他緊張異常，心情低沉之餘很想知道自己還有多少日子可以活，於是他開始翻書，並給自己把起脈來。結果，他發現自己的脈跳非常不穩，根據書中的內容，他發覺自己應該還患上了心臟病，而且病情嚴重。

緊接著，他繼續自我診斷，又覺得自己患上了黃膽、肝炎、膝蓋積水等其他疾病，一時間心灰意冷，陷入了萬念俱灰的境地。他此時變得無比恐懼，趕忙從圖書館出來，找到自己一位當醫生的朋友。

他一見到醫生朋友就大喊大叫起來：「完了，我快要死了，你一定要幫幫我啊！」

醫生朋友安撫了他，問了他具體的情況，檢查了他的身體，接著給他做了詳細的診斷，最後什麼藥也沒開，只在處方單上寫了一句話：請不要無事生事，用自己不懂的事情折磨自己的神經。

其實這位年輕人壓根什麼病也沒有，他不過虛驚一場，自己嚇倒了自己。

中國有句俗語說得好，人有旦夕禍福，且意外無處不在。但實際上，人一生中哪有這麼多恐怖的事情，許多事情十有八九是人們無事生事，自己驚嚇了自己罷了。

如果真的出現了危險，冷靜沉穩的心態反而更有利於我們隨機應變，而不至於慌亂失措，喪失處理緊急事務的決斷能力。

無事生事，大多數時候是因為我們的心魔作怪。

有一位船伕以在江邊載客為生，這天他正準備把沙灘上的渡船推進江裡，然後就可以開始一天的工作，載客渡江了。

這時，有一位居士從江邊路過，看到船伕的作為之後有所感悟。碰巧，他看到前面有一位禪師經過，便快步走上前攔住禪師，禮貌地詢問道：「禪師！請問您，剛才這位船伕把船推入江水時，無意之中將江灘上的螃蟹、蝦、螺壓死了不少。敢問這是需要渡江的乘客們的罪過，還是這位船伕的罪過呢？」

禪師不假思索地告訴他：「非也非也，這既不是乘客的罪過，更加不是船伕的罪過。」

居士茫然不明地問：「奇怪了，如果乘客和船伕在這件事上都沒有罪過，那麼……究竟是誰的罪過呢？」

禪師聽聞此言，立刻瞪大眼睛看著他，道：「阿彌陀佛，這是你的罪過啊！」

居士頓時張口結舌，「怎麼會是我的過錯呢？」

禪師如此對他說道：「船伕為了生計才擺渡乘客而獲得一點船資，乘客為了過江去辦事而搭船，沙灘上的蝦蟹為了藏身躲在沙子下面而被無意壓死，你說，這會是誰的罪過？居士啊，罪業本空由心造，心若亡時罪亦無。無心怎會造罪呢？即使無心犯下了過錯，那也是無心之罪。我看到的只有勤勞的船伕、忙碌的乘客與藏身的蝦蟹，而你看到這些卻無中生有，刻意尋找他人的罪過，豈不是妄自菲薄嗎，這難道不是你的罪過？」

居士聽後臉色泛紅，自覺慚愧。

佛教的確是講究六道眾生，但仍舊是以人為本，站在人本的立場來看待世間常事。有時候，某些真理不能說破，事情也不能說破，說破了那就是過分鑽營，刻意尋找他人的過失與罪過，本身就是一種心境狹隘的表現。

弘一大師所言「本無事而生事，是謂薄福」，說的便是，那些沒事找事、無事生非的人，注定福報微薄。為何有這樣的說法呢？唐朝著名的詩人白居易，有一句詩正可以解釋法師這句話的含義：「我有一言君記取，世間自取苦人多。」這句話的意思很好理解，就是說「我有一句話請您一定記住，那就是，世間的苦人都是自己找麻煩的多」，也就是所謂的「天下本無事，庸人自擾之。」

佛家認為，世間的所有事情都是具有固有的時節、因緣，無事生事或無事生非，並不能改變某些事情的因果規律……只不過給自己徒增了煩惱、痛苦罷了。無事生事之人容易身心不安，所以為何我們不能順其自然，就讓事情遵循其自身的規律慢慢發展呢？

給心一點雨滴，聽從法師的箴言吧，多事不如少事，好事不如無事！讓自己多一些清淨安詳，多一分快樂無憂，才能得到真正的福報。

◇開悟箴言

人會無事生事，往往因為自己的無知與愚蠢。

懂得隨性生活的人，不僅可以給自己一份安逸，也可以給他人一份寬容冷靜，有時還會得到一份意外收穫。

庸人之所以會自擾，因為凡夫的心是尚未斷除無明愚癡的心，用這樣的心去看萬事萬物，自己容易看到那些給心靈帶來痛苦和麻煩的「事端」，例如人們常常在意的美醜、好壞、貧富、優劣……大千世界其實原本是乾乾淨淨的，如果我們將心沉澱下去，清白無垢，那如何會看見這些事端呢？

我們看待外界事物，不要被妄想執著的習氣束縛住，少一份束縛就會減少一份無事生事的機率。

世間自取苦人多，遇事宜化小了之

人之侮我也，與其能防，不如能化。

——弘一大師

有一位禪師一直在山中修行，某天夜裡，他看到天上月亮皎潔就出門賞月，在林間小路上漫步而行。走了許久，禪師從林中往自己的屋子走去，卻在路上看到了一個鬼鬼祟祟的小偷。他唯恐自己的動作太大驚動了小偷，就沒有進屋，而是站在門口靜靜等待。

小偷不知道這裡住的是個出家人，進到屋內找了好半天都沒發現值錢的東西，只好離開。結果，他在門口與禪師狹路相逢，因為心虛，他面露驚慌，不知道如何是好。

禪師卻沒有質問他，而是淡笑道：「這位施主，難為你走了這麼遠的山路來探望老朽，如今更深露重你要回去，老朽怎麼能讓你空手而歸呢？」他說完就脫下外衣，遞給小偷說：「現在夜涼如水，不如，你把這件衣服披上吧。」

禪師就這樣把自己的外衣披在了這個小偷的身上，小偷惶然不安，連忙低著頭從禪師眼前離開，連頭也不敢回。

禪師面色平靜地看著小偷的背影，只輕嘆一口氣自語道：「世間總有可憐人，但願我今晚是送給你一輪明月吧！」

第二天清晨，溫暖的陽光照射進了禪師居住的房屋，當他一打開門就看到了自己昨晚送給小偷的外衣。這件樸素的僧衣被整齊地疊放起來，擱在了台階上。

禪師對著陽光揚起頭，心中欣慰而高興，因為自己真的送給了那小偷一輪心中明月。

用慈悲心贈給他人一輪心中明月，比用語言斥責教訓他人更有益處，這是於無形中化解了矛盾，更是讓善心如融融日光一般照亮、溫暖了世間的苦人。

世間自取苦人多，眾生都有自身的苦難與無奈，若世間不存有慈悲之人，他們將如何自處。誰都有犯錯的時候，只要不是大奸大惡的罪過，我們都應當寬以相待，給予他們改正的機會。

佛陀曾在開示會上說起一位愛吃雞蛋女人的經歷。

這位婦女就居住在舍衛城附近的一座村子，她因為很喜歡吃雞蛋，因而每當發現自家母雞生蛋了，就會迫不及待地將雞蛋吃掉。為此，生蛋的母雞很傷心，因為不能孵出自己的孩子，所以對於這個婦女的惡行相當憤恨，在心中暗暗發誓，決定來世定然要報復這位婦女與她的孩子。

後來，這只生蛋的母雞真的實現了自己的願望。它轉世成了一隻貓，而這位婦女轉世變成了一隻母雞。貓為了報復婦女，就把她生下的蛋全部偷吃了。又是一世，轉世為母雞的婦女轉世變成了豹，而那只轉世為貓的母雞這一世成了鹿。結果，豹把母鹿生下的小鹿統統吃掉了，兩者又結下了怨恨。

如此，她們之間的恩怨循環往復了五百世都沒有解開。

後來等到佛陀降世的時代，原先的婦女轉世成女人，當初的母雞轉世成女鬼。

某天，女人抱著孩子從娘家趕回婆家，身邊有丈夫的陪伴。他們在路上看到了一個池塘，便坐下來休息，丈夫看到池水清澈，便下水洗澡。就在這時，女人看到了女鬼，知道她正是自己的世代仇人，慌亂不堪，趕忙抱著孩子逃進了祇陀園，希望得到佛陀庇護。

正在弘法的佛陀看見她把孩子放在了自己腳下，不久之後，女鬼追了過來，但沒能靠近佛陀就被護法天人擋在了外面。佛陀有意開示她們，就讓阿難尊者把女鬼領了進來。

佛陀同時譴責了她們倆人，如此說道：「倘若你們今天沒有遇到我，想必你們的恩怨還將無休無止地進行下去！以怨報怨並不能給你們帶來快樂，無盡的怨恨只能讓你們的悲憫心逐漸熄滅，剩不下一絲慈悲。如果為了得到自己的快樂而將痛苦施與他人，那終將被自己的嗔恚所繫縛，永生永世也擺脫不了怨憎的痛苦。」

隨後，他對兩人誦出了一段佛偈：施與他人苦，為求自己樂；彼為嗔系縛，怨憎不解脫。

在世為人，你不要以為自己是最可憐的人，世上總有比你處境更加糟糕的人，當我們遇到一些不愉快的事情時，為何不能考慮一下對方的不易，化小了之呢？

弘一大師面對他人帶有侮辱性的惡言，也還主張「與其防之，不如化之」，體現出了一種仁愛慈悲之心，正是因為他明白世上眾生在生存中的困難與不易，不以私心度人，才能具有這樣寬廣的胸襟與氣度。

面對他人無禮、失德的行為，我們如果內心透明清淨，就不會以為小事化了是做出了多麼大的功績或犧牲。我們並未為對方做了什麼，更沒有為眾生做了什麼，其實正好相反，融化人與人之間的小矛盾，實際上是在成就我們自己。因為他們給了你充分宣揚慈悲心的機會，使你在此過程中發展了慈悲之心，體驗了真誠慈悲帶給你的感受，而這種慈悲之心的淨化與發揚，不但成就你現在的善良仁慈，還形成了一種良性循環，使你能夠更加真實地認識慈悲於自身於他人意味著什麼。

◇開悟箴言

越慈悲就越真實，容人之量越大，你的慈悲心也就越加廣袤無邊。難道你不知道，正是這種堪可包容一切的力量使我們擁有了佛心嗎？

消融矛盾的火焰絕非易事，但絕不能因為這件事困難重重我們就不做。情能容人，倘若我們能在對待他人時用心感悟，發揚慈悲，以廣大的胸懷來接納他們的行為，他們即使心如鋼鐵也終將有一天能變為繞指柔。

「大事化小，小事化無」不只是隨口說說而已，我們應當在平日裡多養成體諒、理解他人的習性，學習換位思考，從雞毛蒜皮的小事開始，不與人錙銖必較。

別人不說不代表別人沒有經歷過苦難與磨練，永遠不要高估了自己，看低了別人。

將事情越鬧越大不算什麼本事，將事情越化越小，方可展現你的智慧與為人處世的功夫。

心中無事真心無念，清淨而心生智慧

不為外物所動之為靜。劉念台云：「煉心之法，大要只是胸中無一事而已。無一事，乃能事事，此是主靜功夫得力處。」

——弘一大師

從前，有一位頗有名氣的禪師，他平素除了弘揚佛法之外，最大的愛好就是栽種蘭花。因而他在寺廟中種植有不少蘭花，蘭花生性高潔，但不好照顧。

這日，禪師打算外出雲遊，臨行前交代自己的一位弟子，告訴他如何好好照顧自己種植的蘭花，願他在自己離開的這段時間能好生照料它們。禪師出門雲遊後，這位弟子對待這些蘭花很細心，盡心盡力，但有一天他為蘭花澆水，一不小心碰倒了蘭花架，摔碎了所有的蘭花盆，使得蘭花撒了一地，損毀了不少。

這位弟子為此十分擔憂，害怕禪師回來之後責罰自己，所以等禪師回到寺廟後，打算主動賠罪，願意領受懲罰。

禪師回到寺廟後知道了這件事，立刻把這位弟子召喚到跟前，詢問了事情的經過。

這位弟子戰戰兢兢，本以為禪師要懲罰自己，沒想到禪師並沒有責備他的意思，而是對他說道：「我栽種蘭花一來是用以禮佛，二來是為了美化一下寺廟內的環境，讓蘭花的香氣使人心境安寧……只唯獨沒有生氣這一項哪。」

聽了禪師的話，這位弟子總算放下心，同時也很欽佩禪師。

禪師不生這位犯錯弟子的氣，是因為他儘管喜歡蘭花，但蘭花並不是他的執念與追求，所以蘭花是否有損傷，不會影響他的情緒，更加不會讓他生氣。

其實我們做人也是同樣的道理，若是心中無事真心無念，外在的得失自然也無法影響自己的心境，所謂「清淨心生智慧」，如果我們想要成就事業，達成心願，也需要讓心清靜下來，杜絕外界那些紛擾與雜念。

某間寺廟內，禪師發現自己一個弟子整天都在打坐，便問他：「你為何每天都打坐這麼久的時間呢？」

弟子回答說：「師父，我在參禪哪！」

禪師對他說：「可參禪並不等於打坐，打坐並不等於參禪。」

弟子不解，問他：「但是師父，您不是時常教導我們，要讓自己容易迷失的心安頓下來，靜下心來觀察周遭的一切嗎？您不是還告訴我們，坐禪有利於心靜嗎？」

禪師平淡地對他說：「終日打坐不動，其實並不一定就能進入禪定的境界，你如此，反而是折磨了自己的身體，讓身體損耗。」

弟子困惑不已，仍然不明白。

禪師接著對他解釋說：「禪定，是一種身心達到極度寧靜與清明的境界，並不是要求人必須像石頭一樣死坐著。所謂的禪，是指我們應離開外界的一切物相；所謂的定，是指我們應保持內心的安寧、不散亂。如果我們太過於執著人世間的物相，內心就不由得會變得散亂，難以清淨下來。如果我們能夠離開人世間的一切物相，內心才不會散亂，能夠得到安寧。人從出生開始，心靈原本是清淨安定的，但就是因為受到了世間各種物相的迷惑，如此一來，心如同明鏡蒙塵，這才變得越來越愚昧了。」

弟子深以為然，俯首問道：「師父，那怎樣才能消除心中的妄念呢？又如何做，才能不被世間物相所迷惑？」

禪師緩慢地對他說道：「只要懂得思量人世間的善事，人的心就宛如天堂一樣明亮。如果只知道思量人世間的邪惡，人的心就宛如地獄一樣晦暗。所謂惡由心生，人心中存有邪惡就會淪為畜生。反而要是心中有慈悲，那麼處處都是菩薩，處處都有真理。而人若是心生智慧，處處都是樂土，若是心生愚癡，那就處處都是苦海。」

弟子聽後暫態有所體悟，安靜地等待禪師繼續開示。

禪師繼續對他說：「在凡夫的眼中，清明與癡迷根本對立，可實際上它們都屬於人的意識，在本質上沒有大的差別，正如人世間的萬物全是虛幻一樣。許多人看不透生死，其實生命的起點便是生命的終點，結束亦是開始。世人嚮往的名利、財富、聲望、名譽也都是虛無，就如飛煙一般終將飄散在風中。有的人會心亂，那是因為他心在塵世；有的人靜，那是因為他心在禪中。」

弟子聽完這段話，很快開悟了。

人們在生活中想要保持一顆安寧清淨的心很困難，因為每時每刻都有可能被外界的物相所迷惑。因此，我們需要學習觀心、克制，去除雜念與妄念，才能讓心底不起波瀾，心生智慧。

弘一大師認為，人若能不因為外物的改變而動，就可以被稱之為「靜」。他尤為推崇劉念台體悟的一句話：「人們修煉心的方法，要點不過是心中不存有一事而已。心中無有一事，便能夠坦然面對事事，這全是真心無念、內心清淨的功勞。」

心中不存有一事，何其困難，但我們可以先從摒棄雜念，全神貫注於自修來做起，儘量讓自己不對外物有所依戀，消滅對種種物相的欲望，如此讓心自由來去，慢慢地就能有所醒悟，從而守衛住你的心。

此外，我們還應當懂得運用智慧，以慈悲之心來處理事情，這樣自己心裡才不會結痂，不會使得明鏡蒙塵。心一旦可以清明自在起來，那麼不管我們處在何種情況中，都可以護衛住從慈悲心衍生而來的靜謐穩定、自由自在的心境。

◇開悟箴言

放不下別人，是因為內心沒有慈悲；放不下自己，是因為內心沒有智慧。

切勿陷入對外界事物的層層依賴之中，處世為人也不要被他人的評判所影響，只要明白了萬事萬物都有自身規律可行，你就能做到來去自由，保持心中平靜。

行由心生，要讓自己的行為不受制於欲望之火，守護好自己的內心是最關鍵的。

有時別人對我們發脾氣，充滿了無名火時，他本身就已經受到了誤導，被諸多事情的物相所控制，所以不能自控。面對這樣的人，如果我們也失去控制，與他一起著了火，那結果便是兩人都喪失理智，縱容了內心的狂躁，對人對己都毫無益處。

只有內心的沉靜能阻止人焦躁、粗暴的行為。可見清淨內心是為上乘智慧，不僅能熄滅無名之火，還能幫助他人消融煩躁之心。

辦事全在圓融周密，思慮深遠

將事而能弭，遇事而能救，既事而能挽，此之謂達權，此之謂才。未事而知來，始事而要終，定事而知變，此之謂長慮，此之謂識。

——弘一大師

《詩經》中收錄有一首名為《鴟鴞》的詩，寫的是一隻母鳥在失去了雛鳥之後做了什麼事情。母鳥並沒有因為失去雛鳥而放棄生活，而是繼續辛勤地築巢，為將來的生活作準備。

這首詩有幾句話是這樣寫的：「迨天之未陰雨，徹彼桑土，綢繆牖戶。今女下民，或敢侮予！」所要表明的意思很簡單，是說母鳥要趁著天還未下雨的時候趕緊築巢，用桑根的皮纏緊了鳥巢的空隙。因為只有把巢做得堅固了，才不用害怕有人會來侵害。

母鳥尚且能夠為了防範危機而做好準備，深謀遠慮，人又如何呢？

當年武王滅了商紂，把管叔、蔡叔和霍叔分封在商都附近的郊野，給他們的任務是監視殷朝的遺民，號為三監。武王死後，年幼的成王繼承了大位，但由於年紀太小，只得由叔父周公來輔政，這件事讓三監很是不滿。為了洩憤也為了奪回權力，管叔、蔡叔他們派人散佈流言，說周公會對成王不利，做出一些不好的事情。

周公知道了這件事，為了躲避嫌疑，明哲保身，就帶著家眷離開了京城，搬到了洛邑居住。不久之後，管叔、蔡叔和霍叔三人聯合殷紂王的兒子武庚密謀造反，周公這才出山，聽從成王的號令，舉兵東伐，最後殺死了管叔、武庚，收服了不少殷朝遺民。

在周公徹底平定了這場叛亂之後，他心有所感，就寫下這首《鴟鴞》送給了成王。該詩用母鳥的行為來諷諫成王，說人應該趁著天還沒下雨，用桑皮拌上泥灰，將門窗的縫隙填補起來，這樣如果有人來侵襲，就不會成功。他是期望成王以後在危機發生之前就及時防範，在平日就做好措施，這樣才能防止有人實施叛亂的陰謀。

成王看了這首詩，心中略有不滿，但也明白周公說的極有道理，因而不敢責備他。

這件事告誡人們，做事情要從長遠考慮，如此才能防患於未然，當事情發生的時候便能及時應對且不會出現問題，以免讓自己與身邊的人都措手不及。

如果平日辦事就足夠周全且深謀遠慮，那麼「意外」也就不算是多麼「意外」了。

有一位富人住在海邊，這天，他看見一位窮人坐在海邊的石頭上釣魚。

富人看了許久，忍不住走上前去問窮人：「老兄，你釣的魚也太少了，為什麼不想辦法能讓自己多釣些魚呢？要是你去買條船，肯定能釣到更多的魚。」

窮人微微一笑，反問他道：「說得有道理。但是，我為何要這樣做呢？」

富人白了他一眼說：「這不是顯而易見的嗎？如果你有船就可以出海釣魚，那裡定然比岸邊有更多的魚啊！」

「那麼，釣了許多魚之後呢？」窮人笑著問他。

富人心說這人不是傻的吧，很快回答他說：「你自然就可以把釣到的魚拿到市場上賣掉，得到錢財，用這筆錢去買更大的船，就能去魚兒更多的海裡釣魚，然後會釣到更多的魚啊！」

窮人歪著腦袋，繼續問他：「嗯，那之後又如何呢？」

富人瞪大眼睛看著他，說：「之後，之後你就可以沒有任何憂愁地釣魚了啊！」

窮人哈哈一笑，告訴他：「我現在在這裡，就能沒有憂愁地釣魚了啊！」

富人對於未來思考了很多，但他忽略了一點，究竟怎樣的生活是自己需要的，也不知道怎樣的生活是窮人嚮往的，所以說了這樣愚蠢的話。其實，他與窮人的想法都沒有什麼錯誤，無所謂好壞之分，只不過因為兩人所需求的東西不一樣，才會有不一樣的考慮與想法。

在窮人看來，他的目的就是找一個能夠沒有憂愁的地方釣魚，並不渴望得到錢財，所以現在的生活已經可以讓他滿足。而在富人看來，釣魚如果不能掙錢就沒有什麼樂趣可言，他將錢財放在第一位，而並不懂得享受釣魚過程中那種平靜、安詳的樂趣。

兩人思考事情從各自的角度出發，但就結果而言，反而是窮人更加深謀遠慮，因為他看到了自己人生的歸宿在哪裡，正是那平靜和美的生活而不是忙碌不休地為金錢奔波。

這樣的思慮之道才是真正的具有智慧。

弘一大師對此也有自己的主張，當事情還沒有發生之前人們就應當有所準備，做長遠考慮，有備無患，這樣才能使自己在事故面前可以力挽狂瀾，有始有終。做人不可打無準備之仗，不可做無準備之事。聰明人具有理智，然而理智不是非要等到困難臨到眼前時才使用的。更加聰明的人懂得使用自己的理智來預測困難，事先做好準備，便能在困難降臨時更從容地解決、克服難事。

事後才來思考的行為是要不得的，既不能挽救已經發生的事實，還有可能讓自己耗費精力做無用功，使得精神、體力都付諸流水，浪費珍貴的時間。

當然我們在凡事思慮周全，為將來做打算，未雨綢繆的時候，也不要忘了從內心出發，真正明白自己所需求的精神世界，深思熟慮而行，這樣才能免於喪失本心，遺失快樂。

◇開悟箴言

今日事今日畢，消除未來苦難障礙的最好法子，是先把眼前的事情處理乾淨了，確保不會給未來留下隱患。

只有事情做得真正好才是有價值的，事情做得快不如做得穩，做得穩不如做得早……總之，做事不可以一味求快，應知道做事力求周全完備也是一種極為認真負責的好品格。

得以成功的大事件之所以能夠流存久遠，是因為人們在做事之前就開始付出努力，由始至終都力求完美沒有疏漏。那些臨時抱佛腳做成的事情，即便表面看來沒有問題，但經不起時間的考驗，甚至會在風雨的沖刷下變成「豆腐渣！」

越是珍貴的需要花費的功夫就越大，成就不是臨時起意就能達成的，它的價值與人們付出的汗水與智慧成正比，尤其是基石需要堅固而強韌。

人的一生幾乎都是在思考中度過的，我們在事前如果能有所預見，想得多一些，努力做好長遠準備，遇事時便可深思熟慮做決斷，這樣還用擔心失敗嗎？

貪圖私欲難成大事，眾人的憤怒不可侵犯

呂新吾云：「做天下好事，既度德量力，又須審勢擇人。『專欲難成，眾怒難犯』，此八字，不獨妄動邪為者宜慎，雖以至公無私之心，行正大光明之事，亦須調劑人情，發明事理，俾大家信從；然後動有成，事可久。蓋群情多暗於遠識，小人不便於私己，群起而壞之，胡成胡久。」離貪嫉者，能淨心中貪欲雲翳，猶如夜月，眾星圍繞。

——弘一大師

佛祖某日散步，走到了地獄之井附近。他在井邊朝下望去，看見了許多生前為非作歹之人，此刻正在因為自己犯下的惡業而飽受地獄之火的煎熬，神情十分痛苦。

這時井底的一個強盜抬頭看見了佛祖，連忙跪地，祈求慈悲的佛祖救救他。

佛祖通過神通發現了這人墮入地獄之前是個無惡不作的強盜，他不但劫掠他人的財物，還不肯放過他人的生命，是個雙手染滿了鮮血的人。不過，這個人也奇特，雖然大惡，但也不是沒有做過一次善事。曾經有一次，他在走路時差點要踩上一隻小蜘蛛時，突然萌發了一絲善念，對小蜘蛛動了憐憫之心，抬起腳讓那只小蜘蛛逃走。這件事，是他一生中唯一的善業。

為此，慈悲的佛祖認為，這人雖然作惡太多，但還存有一點兒善心，想了想做出決定，準備借由那隻小蜘蛛來拯救他一次。

佛祖便使用法力，讓井口出現了一根蜘蛛絲，蜘蛛絲垂下去之後，強盜看見它就像看見了救命

稻草一樣，伸出手死命抓住了這根蜘蛛絲，希望用盡力氣爬上來。就在他費力往上爬時，他周圍其他的飽受地獄之火煎熬的人也發現了這根蜘蛛絲，立刻擁到他四周，瘋了似的也想抓住蜘蛛絲。這樣一來，蜘蛛絲被許多人抓住了，強盜大急，但無論如何惡言辱罵這些人，他們都不願意放棄這個機會，不肯鬆開手。

結果，不一會兒，抓住蜘蛛絲的人變得非常多。大盜唯恐蜘蛛絲太細無法承受這麼多人，心一狠，覺得能幫助自己脫離苦海的唯一希望也沒有了，便拿出刀將這根蜘蛛絲給砍斷了。蜘蛛絲忽的消失，抓住蜘蛛絲爬了一段距離的人們全部又跌入地獄，繼續經受地獄之火的煎熬。

佛祖在井口看到這一切，搖搖頭，心說這個強盜連心底最後的一點憐憫與慈悲都喪失了，他也不必再對他抱持憐憫的念頭了。

這個強盜原本還有一絲脫離苦海的希望，但因為他貪欲太深，私心過重，因而蜘蛛絲在他手中消失了，使得自己再次落入地獄。佛祖縱使慈悲，也拯救不了這樣的人，更別說度化了。由這件事我們也可看出，強盜心中僅存的那一絲善念不過是曇花一現的觸動罷了，他並不具有真正的善念，對待他人仍是滿含著不信任與懷疑、怨恨，那麼如何可能得救？

終究，人能脫離苦海不是佛祖的功勞，佛祖能給予他的是一次寶貴的機會，他卻親手扼殺善念，切斷了自救的繩索，註定要跌入地獄接受煎熬與懲罰。

另外，這個強盜還犯下了一個錯誤，那就是觸犯了眾人的利益——一根蜘蛛絲按照常理不可能支撐一個人的力量，何況是那麼多人，但他抓住的這根蜘蛛絲是佛祖展現的奇蹟，他卻無視這一點，才會做出割斷蜘蛛絲的愚蠢行為。實際上，但凡他心中留存的善念多一些，真誠一些，就不會被私欲所遮蔽，看不透這一點了。

關於貪圖私欲這一惡業，弘一大師推崇的是明朝學者呂坤的見解。

呂坤先生號新吾，曾針對這樣的世人總結道：如果想要為天下做好事謀福利，不僅要審度衡量自己的德行與能力，還應當觀察時機因緣，慎重選擇合適的人方才可行。「如果貪圖私欲，就難以成就大事，眾人的憤怒不可觸犯」這句話說的是，不只是那些行事輕率浮躁、胡作妄為的人需要慎重考慮。就算是那些辦事大公無私、正大光明的人，也要謹慎考慮，要懂得調和人心，順乎一般人的人之常情，善於調節身邊眾人的情緒。做到這點也還不夠，我們理應將事情的道理方法對眾人說清道明，使得他們信服而遵循，這樣才容易開始辦事。在這種情況下，人們辦事才可以做到成功且長久。世上的大多數人是不具備遠見卓識的，若是僅僅用道德倫理來嚴格要求他們，讓小人謀取不到私利，使其心懷怨憤，那小人極可能鼓動並利用大眾來破壞大事。如果我們能想出好的方法使大眾都能得到利益，無論什麼人，那麼得到的成就又怎麼可能不成功而不長久呢？

只要明白了這個道理，以利益眾生為己任，我們所從事的事情才會得到更多人的支持，無往而不利。

我們自己修身，卻不能強求所有世間的普通人都能放下私欲，因而在辦事時要懂得變通，對於不同的人要有不同的方法。不管是佛祖也好，弘一大師也罷，如果面對任何人都不知道考慮方法，那普度眾生、樂善好施也只能是一句空話。

所謂的不可犯眾怒並不是說我們做人辦事必須要順著眾人的意思，而是說，我們做人辦事需要考慮大眾利益，不可剝奪眾生的利益，不要違背一般人的人情事理。

自古至今，都有許多人願意發善心做好事，以為自己的真知灼見能幫助社會大眾，能讓他們脫離困境。但是這些自以為偉大的人卻常常遇到各種阻礙，功敗垂成，即使成功也只是曇花一現，沒有辦法真正為大家謀福利。要是時間長了，這些普通百姓不按照這些善心人的做法行事，甚至是反對，行善之人還會產生各種疑惑，心灰意冷，以為好人沒有好報。

其實，對於這種現象，孟子很早之前就有話說「行有不得，反求諸己」，人有善心行善事是好的，但如果考慮不周全，方法不恰當，就有可能無法成就好事。

當我們行善時切勿太計較結果，因為正如佛祖所做的，對於那些心中善念如薄雲一吹就散的人，救了等於不救，他們宛如扶不起的阿斗，強行度化反而是妄心損己。凡事要量力而為，行善積德也是同樣道理，違背人情事理、失去眾人支持的事是不能做的。

為善也應該遠離貪心嫉妒，不要妄求能普度所有眾生，只有消除貪欲雲翳，讓心中猶如夜月朗空，自然可得眾星圍繞，為人所尊敬，廣結善緣。

◇開悟箴言

錢財尚且都會像泉水一樣流走，其他的寶貝就更不用說了，我們不可能永久擁有某樣東西，因為我們自身在宇宙間也不過是一瞬間的存在，不能長久地擁有什麼。所以，做人不要貪心，外物都只能短暫地擁有，何必為了一時的滿足而欲求不滿呢？

人會有私欲是因為將自身看得太重了，將他人看得太輕了，對於世間的所有生靈，看得太輕或太重都是一種私心。

我們的身體不過是世間必然朽壞的東西，為何不能捨棄對世間外物的貪求呢？與人為善如果是心中夙願，但也不該執念于此，行善還是順其自然為好。

不是所有人都能理解你的作為與善心，所以即便他們不理解你的想法與善行，你也不必生氣，他們還沒有開悟就只是凡夫，何必與凡夫置氣，影響自己的內心清淨呢。

私欲過重將會害人害己，我們辦事時需要保持一顆平常心，只要你盡心盡力且方法適當，是否能結成善果就要看天意與緣分了。

既有無私之舉，也當調和人心

只天理人心合了，什麼好事做不成。救已敗之事者，如馭臨崖之馬，休輕策一鞭。

——弘一大師

這是一個有關盜匪的故事。

某天，寺廟裡的一位禪師正在打坐修行，他坐在禪堂的蒲團上，身邊沒有他人。突然，一個強盜從外面闖了進來，手中拿著一把明亮的刀子，看到禪師，就用刀對準他的脖子，威脅道：「老和尚，快把你這裡的錢全部交出來！否則，就要殺了你！」

禪師身子不動，只道：「抽屜裡有一些銀兩，你自拿去吧。」接著他又說：「你可以將錢拿走，但最好給我留一點，廟裡的米已經吃光了，如果你不給我留點，明天我恐怕就會挨餓！」

盜匪聽到這話，還是拿光了所有的錢，在他拿著錢拿著刀要出門時，忽然聽見禪師說道：「年輕人，你得到了人家給予的東西，難道不該說聲謝謝麼？」

盜匪心慌意亂，支吾著說了一聲：「謝謝。」隨即打算要立刻離開寺廟，因為他從未遇到過這種事情，心情就十分複雜。但是他也不知道自己怎麼了，愣了，然後想起老禪師說的話，覺得好像的確不該把所有錢拿走，因此他把一些銀兩又放回了抽屜裡。

這個盜匪當日走掉之後，不久就被官府抓捕入獄。捕快看了他供認的罪狀，將他押到禪師的寺廟，希望核實事實。

捕快問禪師：「請問大師，幾日前，這個人是不是來這裡搶過錢？」

禪師只道：「他並沒有搶我的錢，那些銀兩是我贈給他的。他臨走時還對我說了聲謝謝，事情的經過就是這樣的。」

盜匪頓時羞愧不已，被禪師的寬容所感動，他一下子禁不住淚流滿面，低下頭，心中悔恨不已。後來這個盜匪坐了牢，出了牢獄之後的第一件事就是去拜見禪師，跪倒在禪師面前，祈求禪師收他做弟子，禪師卻沒有答應。

這人不死心，就在廟前長跪不起三日有餘，禪師最後答應了，帶領他領略到了佛學的真諦。

人的善心是能夠被開啟的，只要方法得當，行善者有足夠的耐心與寬容，奇蹟就會出現，鐵樹也會開花。這個故事體現了人性中善良的一面，禪師在盜匪身上播撒了善良的種子，令人感動，也激勵了盜匪勇於改過自新。禪師為人寬厚，心中沒有私念，因而可以達到用善心來調和人心的境界，讓盜匪醒悟自己過去所犯下的過錯，重新認識自我。

人性中善心的偉大之處我們無須懷疑，生活中的好人一直都有，有時候只是我們不願睜開眼睛去發現罷了。

弘一大師認為，只要天理人心適當且契合了，世上就沒有什麼好事做不成，這是在教導我們如何從現實出發，調和人心。

人光有善心還不夠，需要剔除一己私欲，若還能做到感化別人的心，使人萌動善良的種子，那就更好了，不僅能成就善業功德，還能造福眾生。

我們只要隨便往外一看，就能發現有不少人走岔了路，這些人在還沒有被和善雨露滋潤之前，無疑會做下許多錯事，犯下惡業。但一旦他們靈魂深處的那一絲善良與憐憫得到了點化與開始，那他們勢必就能從過往的罪過中得到徹悟，找到心靈的歸宿，成為一個真正善良，具有美好品德的人。

如果世上的善良之人多一些，罪惡之徒少一些，豈不是能為社會帶來更大的和諧與美好嗎？面對誠懇溫和的善良之人，極少有人不會為之動容。

像禪師與法師這樣善於感化別人的人，對待任何人都是態度溫和、言辭委婉、神態和暖的，他們與人相交心意誠懇，能夠包容對方的缺失與過錯，是因為體諒其能力、智慧還有達不到的地方，能夠明白他的痛苦與苦衷。如此行為，可稱得上真正的大慈悲。

所謂「精誠所至，金石為開」，有的人著實頑固不化、冥頑不靈，但只要我們有誠心，懂得尋找合適的方法來引導開示，他們遲早能夠感受到他人的善心而願意接受。當然，調和人心，讓他們消除心中妄念戾氣的前提是，他們的心還沒有完全被黑暗的惡念所吞噬。

在具體事務中，我們可以根據事情本身的情況來勸說他人，找到適當的時機進行教導開示，而不要強硬地灌輸道理，使其避之唯恐不及。這種調和人心的方法也包含了投其所好、軟硬兼施、恩威並重，對於這些心中有污垢的人，一方面要督促責罰，一方面也要寬厚體諒，這樣才能使他們慢慢領悟，為自己的不成材、不爭氣而羞慚。

心如木頭石塊一樣的人畢竟少有，只要他得到了長進的機會，有人願意付出耐心、善心與關懷來教導並為其引路，沒有一個人是不願的。

這條道路卻是極其難走的，弘一大師於一生中得到的成就，實屬不易，他的成就便是在一步步地為他人謀利益，同時淨化自我的過程中鋪墊了道路，從而直向無上菩提的。這條路漫長而艱辛，不可以與人講條件，有時還會被人誤解，但它卻又是充滿了光明與喜悅的道路，可令人獲得無上福德。

其實，我們在對人付出心血、善意的同時，也成就了自己，讓自己的德行能力又提高了一重境界。因而弘一大師常常提醒人們，對於那些能讓你付出因緣的人與物，都應當心懷感激。另外，在這種提升自己、調和人心的過程中，我們能更深刻地體悟什麼是真慈悲，而遠離假慈悲，避免了將慈悲心流於表面的造假惡業。

◇開悟箴言

世界上最寬廣的地方是海洋，比海洋還寬廣的是天空，比天空還寬廣的是人的心胸。人的心胸有多大，他能達成的成就便有多大。

一個內心沒有開悟的人，他所言的發慈悲心都是假慈悲。說他是假慈悲，是因為他所言的慈悲只停留於表面，雖然感覺自己應當這樣去做，但這種想法一旦與自己的利益產生了矛盾，他難免會被自己私心所左右，從而變得矛盾不已，不知道如何去做了。這樣的人儘管想要發慈悲心，也終究會因為私心作祟而半途而廢，搞不好還會誤人害己。

對於那些有心實施善行的人來說，「我執」、「我愛」、「唯我」是阻止他發慈悲心的障礙根源。假使這些根源無法清除，一個人是無法放下私心而發慈悲心的。所以說，有些人老是將慈悲心掛在嘴上，很可能只是浮於表層的慈悲，這樣的慈悲根本不實在，那就是虛假的東西。

我們不能只為了瞬間的喜悅而去追求目標，為了一己之利去巧取豪奪，應知道私心是魔障，是讓自己墮入地獄的可怕妄念。人心需要用善念、慈悲之心來滋潤，否則久而久之容易乾涸枯竭。

若希望自己在漫長的輪迴之路上能夠輕鬆開心，記住一句話，心中無私天地寬！

如果一個人期望獲得永久的快樂，就必須放下暫時的享樂；如果一個人想要驅除痛苦，就必須將私心徹底剷除，懂得惜福，懂得造福。

審視自身能力德行，觀察時機才能成事

蓮花種子，榮悴由人。時不相待，珍重珍重！

——弘一大師

有一個年輕人，某天他在夜間遇上了觀音菩薩，驚喜不已，俯首跪拜。

觀音菩薩看了看他，告訴他說：「年輕人，很快就要有一件大事發生在你身上了。你有機會將獲得一筆巨大的財富，上升至高人一等的地位，還有可能得到一位美貌的妻子。」

年輕人聽了非常高興，回家之後他做什麼都沒有興致，將所有時間都花費在了等待這三個預言上，然後他終其一生等待，臨到老死卻什麼事也沒有發生。

年輕人這一生都過得很窮困，也沒有娶到美貌的妻子，最後孑然一身孤獨死去。臨死之際，他再次看見了觀音菩薩，很氣憤地詢問菩薩道：「菩薩！你對我許諾過的，說要給我巨大的財富，高人一等的身份地位，還有美貌的妻子。但為什麼我等了一生，這三樣中的任何一樣也沒有得到？」

觀音菩薩輕搖著頭，對他道：「年輕人！我何時說過許諾你的話，我只是告訴你會給予你機會去獲得財富、一個較高的社會地位，還有一位美貌的妻子，但是，是你自己讓這些機會白白從身邊溜走了的啊……」

將死的這個人聽了之後不能明白，只好說：「菩薩啊，我不明白，這是怎麼一回事呢？」

觀音菩薩讓他回憶過去，道：「還記得嗎？曾經有一次，你想到了一個很有遠見的點子，但是你卻沒有付諸於行動，擱置在了腦後。」

這個人想了想，說：「的確有這麼一件事。」

觀音菩薩為他解釋道：「你因為害怕失敗所以沒有行動，也就失去了第一次達成願望的機會。你不知道的是，這個點子幾年後又有另外一個人想到了，他比你有勇氣與毅力，努力做到了，不久之後就成為了全國最有錢的富人。後來，這件事你也應該記得，你家附近曾有一次發生了地震，城裡許多人的房子都被震毀，使得好幾千人都被壓在瓦礫之下，這時你有機會救那些一息尚存的人，但是你呢？你因為害怕小偷會趁火打劫，趁你不在家的時候到房中偷盜，就以此為藉口，無視那些需要你救助的人。這是我給你的第二次機會，結果你再次錯過了。」

聽了這話，這個人臉上露出極其羞愧的神情。

觀音菩薩繼續對他說：「如果你那次拯救了地震中許多人的性命，想想看，這樣的善行將為你在城中博得多麼大的尊榮？」

「還有第三次機會，」觀音菩薩緩慢地說，「曾經，你遇到過一位頭髮烏黑亮麗的女子，她很美麗對吧？你感覺到了她對你的強烈吸引，你認為她非常優秀，你從未見過這樣好的女子，心裡很想娶她為妻。然而，你畏懼了，你害怕她不會喜歡你，害怕她看不起你沒有錢財，就這樣讓機會再次溜走了，後來只能看著她嫁給了別人。之後，你再也沒有碰到過像她那樣令你心動的好女人，殊不知是你自己放棄了娶她為妻的機會呀！」

這一次，這個人聽完之後流下了後悔的眼淚。

觀音菩薩輕嘆道：「如果你有一絲勇氣對她求婚，她本該成為你的妻子，為你生下幾個漂亮的孩子，並且將為你的人生增添許多的歡聲笑語……可惜，你一直不斷地將機會拒之門外。」

當機會來敲門時，如果我們不知道開門，畏懼門外的事物而故步自封，顯然會將機會不停地推拒在外而不自知。當然機會通常只會對那些時刻準備好的人亮起綠燈，如果我們自身修為不夠，德行不深，眼界不寬，心量不大，或許眾生都看不見機會在何處。

佛陀曾在一次開示會上，提及了一名提舍尊者的故事，這位比丘是個懶惰的人。

提舍尊者當初與其他青年一起申請加入僧團，佛陀接見了他們，准許他們加入了僧團。此後，他與其他人向佛陀求教，獲得了禪定的法門之後，成群結對到樹林裡去進行修行，日夜參禪。不久之後，除了提舍尊者之外，其他比丘都順利證得阿羅漢果，在修行上有了精進。他們一行人回到祇陀園，參謁了佛陀，對佛陀表達了禮敬與答謝之情，佛陀得知了他們的成就，心中十分滿意。

提舍尊者為了證得阿羅漢果，決定留在這裡繼續修行，但他一直行為懶惰，不勤奮也沒致力於禪定，因此過了很久也沒有成果。

漸漸地，提舍尊者看到佛陀與修為有精進的比丘發展出了密切的關係，他此時感到自己被排斥在外了，心中很是後悔，因為他把時間全部浪費在無謂的事情上。

提舍決心改變這樣的習性，開始不停地參禪，日夜不休努力不懈地修學禪定。

這天夜裡，他在行進時腳底一滑摔倒了，不幸跌斷了一根腿骨。他痛苦地叫喊，其他比丘聽聞而來幫助他，將他送去就醫。佛陀得知這件事後，為眾比丘召開了一次開示會，在會上說道：「提舍！你這下明白了吧，應該努力時卻不努力而浪費時間的人，怎麼可能獲得禪定與智慧之道呢？當獲得禪定與智慧之道的機會擺在你眼前時你不知道珍惜，現在才來努力，就不知下次機會的大門何時向你敞開了。」

隨即佛陀對眾人誦出了一段佛偈：當努力時不努力，年雖少壯陷怠惰，意志消沉又懶弱，怠者不以智得道。

平素不努力，沒有做好準備的人，當機會到來時是無法察覺的，並且將在這種懈怠的過程中失去與機會面對面的可能。成功的幾率大不大，成事的功夫深不深，要看平日努力的真不真。對此，弘一大師用蓮花種子的成長闡明瞭這個道理：

蓮花的種子會不會發芽，蓮花是繁盛還是衰敗，蓮花長大之後的命運如何都是由人來決定的。時不我待，如果錯過了時機就採摘不到，所以啊，珍重啊人們！如果時機不到，成功是不會來臨的。當把時機把握在了手中時，那就是得到了天賜的良機，理應格外珍重。倘若一個人看到了時機，好好把握住了時機，就能將其轉化為成功的資本，大事何愁不成。

「命裡有時終須有，命裡無時莫強求」是至理名言，但這並非是說人不可能掌握機遇。一個人如果能夠看到機遇，能夠握住機遇，那就說明他可以通過努力來改變自己的命運，讓自己的人生變得絢爛多姿起來。當然，這樣的人定然是本身就具備了充分的德行能力的，否則他不可能擁有把握機遇的資質。

機遇之所以珍貴，正因為它稍縱即逝，我們應當平日就多多提高自己的德行能力，練成一雙火眼金睛，審時度勢，如此才可不與機遇失之交臂。

◇開悟箴言

做好現在是把握未來、把握時機的堅固基石，如果連當下的事情都做不好，懶惰而不思進取，機會的溫暖光芒是不會照射到你的。

時機不是坐等來的，當時機還沒有出現之前，你應當做好自己該做的事情，不要抱著僥倖的心理認為眼下的事情不如等待一個時機重要。

一個人不可能知道時機什麼時候會來，那麼在它還沒有到來之前，你需要為迎接它而掃除心靈塵埃，立志於修身，盡力提高自己的德行能力。只有準備得越充分，打算得越精細，心界更寬廣，善心更純粹，才會在機會到來時讓它甘願降落在你的手中。

機會不是別人遞到你手上的，有時候它是隱形的，因而如果我們缺少發現機會的智慧與能力，那它到來時我們也看不見。所以，我們需要時刻保持著尋找、發掘機會的心態，讓它從自己身邊顯露出真貌。

為人之道貴在凡事留心

只一事不留心，便有一事不得其理；只一物不留心，便有一物不得其所。

——弘一大師

一位遠行參禪的雲遊僧人這天行走得晚了，在漆黑的夜晚找到了一個偏僻的村落。

他走進村子，看到許多村民在黑暗的街道上慢慢前行，都趕著回家。雲遊僧想尋找一戶人家借宿，走著走著步入了一條黑魆魆的巷道，正要放慢腳步，就遠遠看見一抹昏黃的燈光從巷子深處投遞了過來。他身旁有一位村民路過，告訴他說：「啊，是瞎子出來了呢。」

「一個盲人？」雲遊僧覺得奇怪，便問身旁的一位村民：「打著燈籠的村民當真是一位盲人？」

村民告訴他，的確如此。

雲遊僧很是疑惑，心裡琢磨起來，對一個雙目失明的人來說，白天和黑夜對他沒有區別，高山流水他也看不見，世界上所有帶有色彩的東西他更加看不見，他甚至不可能感受到燈光是什麼樣的。燈籠對他是無用的東西，這樣打著燈籠出門豈不是多此一舉嗎？

不一會兒，盲人打著燈籠走近了，雲遊僧看見從他燈籠裡發散出的燈光照在了自己的鞋上，自己不覺得周圍有那麼黑了。雲遊僧對於盲人的行為百思難解，便問他：「施主請留步，請問你真的是雙目失明的盲者嗎？」

提著燈籠的盲人靠近幾步，微笑著說：「嗯，我確實是什麼也看不見的。自從我一出生在這個世上，我的雙眼就失去了光明。」

雲遊僧忍不住問：「你看不見任何東西，白天黑夜對你來說是一樣的，那又為什麼要在晚上提著一盞燈籠呢？」

盲人坦然告之：「您說的對，現在是晚上了，我出門也無須燈籠。可如果黑夜裡的其他人都看不見光亮，他們沒有燈光映照，那麼他們不也和我一樣成了盲人嗎？我點燃這盞燈籠，不是給自己看的。」

雲遊僧頓時有所醒悟，感慨道：「施主大慈悲，原來點燃燈籠是為了照亮別人哪？」

盲人笑著點點頭，繼續提著燈籠往前走。

在這世間，人心其實就是一盞燈！有的人從不留心身邊的人或事，所以從來意識不到這一點，不知道簡簡單單一件細微小事若是做到了實處也能照亮別人的內心。其實，只要我們修養足夠，德行卓越，先讓屬於自己的那盞生命之燈亮起來，從生活中的細微之處入手，就能在照亮別人的同時也照亮自己。

某個地方，有一個事務所近年來生意不錯，只有一件事情進行得不順利。

是什麼事情呢？原來，在這座城市的近郊有一塊極好的地皮，很適合建造材料廠，如果可以建成對於事務所的發展會很有利。但是事務所的董事長花了大半年的時間去說服土地的擁有者，用盡辦法，費盡口舌，土地的主人——一位性格倔強的老婦人仍舊不為所動。

某天下起了雪，這位老婦人正巧上街購物，她看到了近在咫尺的事務所，就決定上門看一看。

她進門前的打算是，如果能見到董事長就告訴他不用再浪費時間了，讓他死了買地的心！當她推開門後，老婦人看到乾淨的辦公室，覺得自己穿著骯髒的鞋進去不合適，就在門口停留了片刻，在想該怎麼辦。

這時門口出現了一位笑容可掬的年輕女職員，甜甜地對她說了一句：「歡迎光臨！」並把她迎了進來。

她左右一看，發現暫時沒有合適的拖鞋給老婦人，便毫不猶豫地脫下了自己腳上的拖鞋，親手擺在老婦人腳前，抱歉地說：「真不好意思，拖鞋預備得不夠多，請您先穿上我的拖鞋好嗎？請放心，我沒有腳病，拖鞋每天都會消毒，很乾淨的。」

女職員絲毫不介意腳下的冰冷，對神態遲疑的老婦人繼續說道：「您千萬別客氣，請穿這個吧！我是年輕人，沒有什麼關係的。」

老婦人沒有言語，只是快速地穿好了拖鞋。

這時女職員才問她：「請問老太太，您來這裡有什麼事嗎？」

老婦人說：「謝謝你，我要見見你們的董事長。」

女職員微笑著告訴她：「好的，請您跟我來，董事長在樓上……」隨後她就像對待母親那樣把老婦人請上了樓。就在這樣短的一段時間內，老婦人的心情發生了很大變化，她覺得穿在腳底的拖鞋異常溫暖，而令她心靈也溫暖起來的是眼前這位親切可人的女職員。

一瞬間，老婦人心底有了感悟：做人不應該只考慮到自己的利益呀，也該替別人著想著想……這個女孩子在小事上如此留心細緻，想必在其他事情上會更加盡心盡力，而擁有這樣員工的這間事務所，肯定是個十分注重細節的公司，而且很懂得為他人考慮，可真是個好公司呀！很快，她就改變了原先的主意，見到事務所的董事長後就決定把土地賣給他們。

一件微不足道的小事溫暖了一個人的內心，可見為人之道貴在凡事留心——無論事情的大小，只要將誠心表達在了實處，人們總能很自然地親近那些對自己有所幫助的人，再強硬的心也將為之鬆動。如果大家都能隨時留心為別人提供幫助，我們的人生將變得更加充實、美滿，充滿了溫情軟語。

弘一大師將這個道理還深化了開來，他主張，倘若對於身邊的事情有一件不留心的，就可能有一事不能明白其中的道理；如果有一件東西沒有留心注意的，就可能有一件東西不能使其得到適當的安頓。

所以我們待人接物時最好能做到凡事留心，處處行善，如此便能將慈悲之心發揚光大到世界的每個角落。有時，說不定還能得到意外收穫。

◇開悟箴言

大多數人都願意以德報德，滴水之恩當湧泉相報也不是妄言，為此我們因何不能先從小事開始，行善積德呢。

「勿以善小而不為」，當我們發慈悲心時切勿因為事情小就不屑去做，其實凡事都可由小見大，見微知著，越是小事反而越能考驗我們心中的修行是否有所精進。

留心身邊的每件事，那麼無一事物不會帶給你參禪的頓悟。

細小的事物往往也蘊涵著道理，所謂積少成多，不積跬步無以至千里，如果人們在小事上都做不好，不願意付出並幫助他人，那更別談艱難險阻的大事了。

心思細膩之人往往更能覺察出他人的苦難與痛楚，小事不小，我們應當沒有分別地來對待他人所處的困境。

第六章 接物卷

律己宜帶秋氣，接物須帶春風

弘一大師有云：「寬著此心以待同群，須如一片春陽，無人不暖。律己宜帶秋氣，處事須帶春風。」

「律己宜帶秋氣」這句話的意思就是說，人們應當約束自己，且這種約束是需要帶有秋天裡的一絲肅殺之氣的，表明了法師對於「約束」二字的詮釋是，人們約束自己理應極為嚴格。秋高氣爽的時節，日清月朗，象徵著人的品格應當清正高潔，不存在私欲妄念，不攀附權貴，不追逐金錢……要知道廉與恥，懂得正義與公信，讓心中長存秋日清澄之氣。

能辨識方會取捨，己私為小蒼生慧命為大

應發切實誓願，願離娑婆苦，願得極樂。其願之切，當如墮廁坑之急求出離；又如系牢獄之切念家鄉；己力不能自出，必求有大勢力者提拔令出。

——弘一大師

弘一大師曾在廬山休養療病，這天，他看到居士陳三立帶著一位老漢來拜訪自己。

這位老漢姓楊，見到法師就俯首涕泣，原來是有事相求。他在英國牧師詹森家裡做傭人，有一個女兒叫楊念，聰明伶俐，知學上進，當時在金陵大學裡讀書，但有段時間因為身體不好便在家休養。某日，詹森遇見了楊念，覺得她很適合做自己兒子的家庭教師，就有心聘請了她。詹森的兒子雖說已經十幾歲了，但由於年幼時患上了腦膜炎，所以在智力方面有些障礙。楊念心懷善念，得知情況後一口答應了，這就做起了這個小子的家庭教師。

「豈知，這孩子雖然智力有問題，但對於男女之事瞭解甚多，居然對……」楊老漢痛心疾首地對法師說道，「居然早就對我家念兒起了那種心思！有天詹森家沒了其他人在，他竟然想對我家念兒施暴，幸好念兒執意不從，使命掙扎，這才逃了出去。誰能料到，那個小子在後面窮追不捨，沒有追到念兒卻不小心跌下樓梯，導致脊椎骨折，現在……醫生說，他，他下半輩子要在床上度過了！我看，這就是惡有惡報，現世報了！」

「但是詹森很不講理，他覺得這件事都是我家念兒的錯，就對我說，要楊念嫁給他那小子，這

可怎麼是好啊！他真是在顛倒黑白，但是我無權無勢對付不了他，他就說要告到法院去！這件事讓我焦頭爛額，無計可施，幸好得到了不少山民為我抱不平，支持我跟他打官司。但是廬山牯嶺法庭在他的淫威下，竟然判了我們敗訴！後來，我又告到九江法院，沒料想仍然是敗訴的結果。現在，詹森給了我們兩條路選擇，念兒若不是要去坐二十年大牢，不然就是嫁給那個殘廢了的兒子！我毫無辦法了，在旁人的提醒下，就想到了大師您！我知道您一向匡扶正義、樂善好施，便央求了三立居士，讓他帶我來見您。」

弘一大師十分震驚地說道：「可嘆，竟有這等不平之事！老先生請起，佛家普度眾生，救人於危難，老朽定然不會袖手旁觀的。」隨後他送走了楊老漢，思考應對之法。

第二天，卻來了一位女子要拜見法師，法師走出去一看，發現正是這樁冤案的當事人楊念。法師立刻表示，他已經知道了她的冤情，願意幫忙。不料卻看到楊念撲通一聲跪倒在地說：「法師！小女子此次前來，是想懇求法師勸阻家父，不要再與詹森對抗了……」

弘一大師疑惑地問她：「老朽聽聞此事義憤填膺，詹森仗勢欺人實在為人所不齒，你為何會有這種決定呢？」

楊念哭泣著說：「我的冤屈是眾人皆知的，但哪裡可以為我說理？官員與百姓，都不能為我伸張正義。他的勢力太大，足以讓我家一輩子都翻不了身。我若是嫁給洋人雖然委屈，但要是坐牢二十年，我的老父又該怎麼辦？法師的恩德，小女子無可報答，但懇請法師勸說我父親放棄吧！」說完，她鞠躬離去。

弘一大師不久之後來尋找楊老漢，剛到他家門口，就聽見屋裡傳來激烈的爭吵。

「弘一大師答應幫忙是天大的恩德，你居然跑去拒絕！」楊老漢說。

卻聽楊念語調痛苦地說：「女兒心裡何嘗不明白，可是爹呀！官司敗了兩次了，難道我們要連法師面子也丟在洋人腳下嗎？這是多麼大的罪過啊，再說，我對社會已經不抱希望了，你看弘一大師是何等才華橫溢的人物，為什麼又會遁入空門呢？」

弘一大師聽聞此言，心中鈍痛不已，回到青蓮寺就準備了銀針、筆硯，決心要刺血書寫《華嚴經》。誠心法師得知此事，立刻趕來勸阻弘一大師。

弘一大師心意已決，決心用這種辦法來感化楊念，立定決心，只要她一天不改變想法，就繼續刺血寫經。誠心法師阻攔不住，只好把楊老漢父女找來。楊家父女知道了這件事痛心不已，跪倒在弘一大師面前，這時楊念終於打消了念頭，回心轉意，決心要一告到底。

接著，在弘一大師的發起下，廬山地方各界名流聯名向牯嶺法庭申訴，要求重審。因為弘一大師德高望重，法庭不得不認真考慮這件事，直到五天後，牯嶺法庭的汪庭長親自來拜見弘一大師，委婉地表達了苦衷：在廬山洋人勢力實在很大，他們難以應對，但如果九江法院能夠支持重審，事情或許可有轉機。

弘一大師便親自去與九江法院交涉。不久，汪庭長再次找到弘一大師告之，九江法院也不改判，害怕與洋人鬧翻。不過有個人或許有法子，那就是住在廬山的國舅宋子文的岳父張謀之。如果這個人能夠出面與洋人周旋，那事情可能會成功。

弘一大師這下為難了，他曾目睹官場的腐敗所以立誓不再與官場有所牽扯，但最後經過深思熟慮，決定放下自己的那點自尊，去懇求張謀之。

第二天，弘一大師總算求得張謀之出面，使得楊念一案重審，最後法院判定詹森公子強姦未遂，摔倒之事純屬意外，楊念無罪釋放。

這件事後來被廣為傳誦，眾人都稱讚弘一大師慈悲為懷，真心為蒼生造福，實在令人敬仰。

《華嚴經》中有云：不為自己求安樂，但願眾生得離苦。弘一大師心懷眾生，在他人的利益面前願意捨棄自己的私欲，不惜放下自己的原則與自尊，不僅難得，更是領悟了慈悲為人的意識根本。在他眼中已經看不到自己的利益，只看見了普通眾人的利益，如此大慈大悲，實在令人無法不為之涕零，為之感動。

真正的慈悲心不會比這更高更大了！這樣的行為才當得起「偉大」二字，如果世上有更多人懂得箇中道理，我們所看到的不平之事將會越來越少。

此般開悟難度極大，但只要我們有心體悟，也能將廣博的慈悲心領悟一二吧！

◇開悟箴言

有失必有得，有得將有失，世上的得失有時只在一念之間，你如何取捨全在於自己心中認為何物更重要，更有價值。

旁人的利益或許與自身利益相沖，這時又該如何取捨？且看你是私心更多，還是慈悲心更大吧。

佛家所謂的慈悲，是遍及每一個人的，不管這個人對我們的態度是敵對還是友善，不管這個人對我們是否能帶來利益，也不管這人對我們是否有所回報……發慈悲心，以蒼生為己念，是不帶目的性的，是有心而發的不由自主的慈悲罷了。

在蒼生的利益面前，個人的利益是非常渺小的，這也就是為什麼會有人寧願犧牲自己而成就大家。這樣的人，偉大而無私。

舍一己便宜，得終生之無憂

張夢複有云：「凡事最不想佔便宜。便宜者，天下人所共爭也。我一人據之，則怨萃於我矣；我失便宜，則眾怨消矣；故終身失便宜，乃終身得便宜也。此餘數十年閱歷有得之言，其遵守之！毋忽！餘生平未嘗多受小人之侮，只有一善策，能轉彎早耳。」

——弘一大師

有這麼一個年輕人，他脾氣奇差，控制不住就會與人打架，所以人緣也不好，身邊的人們都不喜歡他。

年輕人對於自己遭人嫌惡的事情還是有自覺的，想找辦法改變，但不得其法。這天他出門遊蕩，無意中遇到了正在開示佛法的一位禪師。他聽完禪師的開示之後頓時有所醒悟，對於過去的作為非常懊悔，下定決心一定要痛改前非，並對禪師表示說：「尊敬的大師！從今天開始，我再也不與別人打架爭鬥了，就算別人把口水吐在了我的臉上，我也會學著忍耐，默默拭去，自己把氣憤承受下來！」

禪師晃著腦袋，對他說道：「何必去拂拭口水，就讓它這樣吧！」

年輕人點點頭，覺得有理，繼續問：「那如果別人用拳頭打我，我又該如何是好呢？」

禪師微笑著回答道：「年輕人呀！不要太在意了，那只不過是一個拳頭罷了。」

年輕人這時覺得不可理解，就揚起拳頭向禪師打去，禪師挨了他一拳頭。年輕人又再問他：「大師，您現在又是什麼感覺呢？不覺得很吃虧嗎。」

禪師卻沒有一點兒生氣的模樣，而是問他道：「我的頭像石頭一樣堅硬，你的手打了我堅如石頭的腦袋，難道不會痛嗎？」

年輕人聽了頓時說不出話來，終於領悟。

世上大部分的人都喜歡占人便宜而不願意吃虧，一旦在某件事情上吃虧了就會感覺很憋屈，心懷不忿，對他人產生怨恨。其實，就像故事裡禪師說的那樣，如果你給了別人一拳頭，自己的拳頭難道不會痛嗎？自己為了不吃虧而好鬥，執意與別人一爭高下，那就算占得了上風，得到了短暫的便宜，你自己就沒有絲毫損失嗎？

不，你損失了一時寧靜，更加喪失了一瞬之間的寬厚善心。

從前，有一對夫妻都信仰佛教，他們每天都給佛祖敬奉很多香，心意虔誠，但奇怪的是，他們修行了大半輩子也沒能得成正果。

他們思前想後不能明白這是為什麼，決定去到佛祖面前一問究竟，想知道他們究竟是哪裡做得不好。就這樣，這對夫妻拉著過去焚香而得到的一車香灰踏上了路途，在半路上，他們倒楣地碰到了兩個強盜。強盜找他們要錢，夫妻二人窮得身無分文，沒有辦法給他們，想了想決定用佛法去感召他們，勸他們向善，和他們講述了修佛的道理。

強盜共有兩人，還當真聽完了這對夫妻的勸導，於是決定放下手中的刀，打算棄惡從善。隨後，他們就跟著夫妻一起上路，也想參謁佛祖。

他們一行四人終於見到了佛祖，這對夫妻說明瞭自己的來意，想要修成正果，問佛祖應該如何做。佛祖沒有說什麼，只是給了他們四個人每人一個鐵茄子，這樣說道：「施主！你們且把這鐵茄子燒上七七四十九天，只要將燒熟後的茄子吃掉了，也就能修成正果了。」

四人拿了鐵茄子，為了早日修成正果，開始分工合作——每天都由兩個曾經是強盜的人上山去打柴，而這對夫妻就坐在家中燒鐵茄子。他們的確依照佛祖所說的，將四個人的鐵茄子燒了足足七七四十九天，可讓人驚訝的是，兩個強盜的茄子居然燒熟了，但他們的茄子卻還是與原來一樣。兩個強盜吃完了燒熟的茄子得成正果之後離開了，但這對夫妻的茄子依然沒能燒熟，他們始終無法修成正果，也始終不明白這是為什麼。

其實事情很容易理解，原來這對夫妻每天燒茄子時，為了想早日修成，總將自己的兩個茄子放在火焰最旺盛的位置燒，而把兩個強盜的茄子放在後面……這種行為，反而不如兩個放下了惡行的強盜，又如何能修成呢？

佛祖讓他們燒茄子，實際上根本不是在考驗他們燒茄子的功夫，而是在考驗他們的內心。兩個半路修行的強盜之所以能修成，是因為他們不僅放下了惡行，還放下了對別人的猜忌與懷疑，自願承擔最累最苦的工作，並且願意信任這對夫妻。但這對夫妻做了什麼呢？他們白白修行了這麼多年，只注重於表面功夫，不惜損害他人的利益來達成自己的目的，生怕兩個強盜占了一點便宜，可見一顆私心仍然沒有放下。和強盜相比，他們的修為自然不高，甚至更低了，當然不能修成正果。

心靈修為的提高，是不可能通過損害別人、占取便宜來達到的。相反，如果待人及物時甘願承擔一些犧牲，捨棄一己便宜，得到的有可能更多。

弘一大師也深以為然，所以才會認為張夢複說的一段話對於個人修為的提高很有裨益。張夢複所言的意思是：凡事最不想占的就是便宜。便宜，是天下人都想爭的東西。如果我一個人據為己有了，那別人都會對我有所怨懟；如果我捨棄了這一點便宜，那麼就能消除眾人的怨憤；所以說我終生捨棄便宜，實際上是終生得了便宜。

一個人人生的幸福並不在於爭的多，而在於索取的少。凡事放不開，想要占得他人利益、斤斤計較的人看起來比別人得到的要多，可實際上他失去的是無形的東西，例如精神上的祥和安寧，他人的尊重與敬仰，還有人與人之間給予的溫暖與友善。

有多少人能懂得，用捨棄一己便宜換取的一輩子無憂，其實是歸屬於內心淨土的那份清淨啊！

◇開悟箴言

如果你刻意要尋找的話，每天隨隨便便就能找到三五件讓人煩惱、生氣、怨恨的事情，但在他人看來也不過是些雞毛蒜皮的小事。有時只要換個角度來思考，看待他人的作為，實際上你又吃了多大的虧？

不要將他人的過錯時刻牢記在心中，這是非常無謂的事情，與其有時間做這種睚眥必報的事情，不如多記取他人對你的好，算一算他人在多少事情上是為了你而退讓過的。

伺機報復的這種仇恨心理，並不能損害對方分毫，反過來還會影響自已的情緒，讓自已深陷幽暗的心靈深淵中自食其果。

人們常常爭來爭去的無非是一些微不足道的事物，放棄了並不會使你的人生黯淡多少，不如讓給他人，將時間花費在提高自已德行能力這樣有意義的事情上。

涉世以慎言為先，閒談莫論人非

涉世，以慎言為先。但自觀其行，口勿說他短。禍，莫大於言人之非。

——弘一大師

佛陀曾談及過果卡尊者的經歷。

比丘們在某次聚會上，不知道為什麼討論起有關果卡尊者重生蓮花地獄的事情：果卡尊者曾經因為克制不住自己的口欲，辱罵了兩大弟子，所以在死後墮入了地獄。

佛陀聽到了他們在議論果卡尊者的事，走過來，對他們語重心長地說道：「比丘們！果卡尊者不是第一次因為克制不住口欲而墮入地獄了，他在前世的時候，也做過這樣的事情，你們可想聽一聽？」

比丘們紛紛要求佛陀講一講，佛陀就講述了一段本生故事：「很久很久以前，在喜馬拉雅山有一座湖泊，湖泊裡住著一隻烏龜。某天，烏龜看到天上有兩隻天鵝飛了過來，就與它們相識，成為了好朋友。天鵝與烏龜相熟了之後的一天，對烏龜說：我們和夥伴一起住在齊達山的一個山洞裡，那裡的風景很漂亮，吃的食物也多，你不如與我們一起到那兒去吧？烏龜想了想沮喪地問道：但是我不會飛，怎麼可能抵達那裡去呢？天鵝告訴烏龜：只要你能不張開嘴巴說話，我們就能想辦法帶你過去。烏龜考慮了一下就答應道：那太好了！我絕對不會說話的，你們帶我去那個山洞吧！就這樣，兩隻天鵝找來一根樹枝遞給烏龜，教他咬著樹枝的中間，它們就各自叼起樹枝的兩端，帶著烏龜飛向了天空。

沿途的村莊裡有村民看見了這一奇怪的景象，就對其他人高聲說道：看哪！天鵝居然帶著烏龜在天上飛！烏龜聽了覺得村民多管閒事，大驚小怪，天鵝帶著它飛關他們什麼事？心裡想著想著就想說幾句話教訓一下這幾個村民，這時天鵝已經飛到了王宮上空，結果烏龜一開口就掉了下去——啼擦，它摔在王宮大院的地上，瞬間碎裂了。」

這則故事後來被收錄在《巴壺本生故事》裡，比丘們待佛陀講完故事，心中都有所感悟。佛陀便又對比丘們說道：「比丘們！作為一名比丘應當學會克制口欲。人們要想過上平靜的生活，就不可以自大狂妄，還要知道消除心中埋藏的惡欲。」

隨即又誦出一段偈子作為開示：比丘調於語，善巧而寂靜，顯示法與義，所說甚和婉。人們生活在世上，待人及物應當以慎言為先，才能避免犯錯，保持內心冷靜，不讓心中的惡欲生髮出來。

弘一大師與佛陀一樣，認為人應該守住口業，一個人只需要盯著自己就可以了，嘴巴不要總是說別人的是非、長短。人世間並不存在十全十美的人，但每個人都有自己的長處，所謂「天生我材必有用」，但人們也難免有自己的短處與弱點，是會被人察覺的。我們在與人相處的時候，沒有必要專門攻擊別人的短處，拿別人的缺點來說事是極為不禮貌的行為，這樣無禮的行為既會使他人感覺到尊嚴受損，還使我們自身暴露出心思狹隘、品德低劣的缺點。當我們想要非議他人時，應當明白自己知道的關於別人的事情不一定是完全可靠的，道聽塗說容易失真，那便形成了個人的偏見。

在我們不瞭解的範圍內，或許還存有許多不為外人所知的隱衷，這些都不是我們熟悉的事實，是他人不願意告訴眾人的秘密。如果我們不考慮這一點，不顧及他人自尊與顏面，就貿然把自己聽見的片面之詞都宣揚給其他人知道，豈不是顛倒是非、是非不明，混淆黑白的做法嗎？

俗話說得好，病從口入，禍從口出；有時候言者無心，卻不能防備聽者有意。法師還道：「災禍，沒有比談論別人的是非更大的了。」可見在背後說人閒話容易引起禍亂，到時候誤人害己想要補救都很難，因為人與人之間一旦產生了罅隙、誤會，是極難彌補或糾正的。

在日常交往中，許多禍亂，都是因為某些人在言語上不夠謹慎，有意無意地中傷了他人所引起的。這些人管不住自己的嘴巴，沒弄清事實之前就喜歡到處非議他人，所以才會結下怨仇，使人產生怨憤，以至於冤冤相報，兩者誤會難解。

受不住口業還容易造成某些人群之間的衝突，甚至是禍及國家社會，因此我們千萬不要小看這個不良習性帶來的破壞。話說得不合時宜、沒有分寸，會產生很大的影響，然而在諸多惡業中人們最容易犯下的就是口的過失，這就可以解釋清楚，為什麼聖賢孔子那麼重視講話的藝術，把這一項教學放在第二順位了。背後道人是非，還會於無形中使得自己的名譽受損，不僅結下惡緣，還會在損毀他人名譽的同時敗壞自己的名譽德行，實在是得不償失。

大部分人口業的習氣深重，有時候雖然知道不應該隨意詬病他人，但在具體事情發生時還是抑制不住，那怎麼辦呢？法師以為，還是要從修心做起。涉世的我們應當處事多謹慎，心地清淨，態度真誠，能保持好這一點，自然就能慢慢減少言語上的過失。講話之前多三分思慮，謹慎開口，這樣也容易守護內心的清淨靜謐，提高自身的修養。

修心為本，慎言為要，正是我們在待人接物時能夠一帆風順的關鍵。

◇開悟箴言

一個人要有高尚的品德，就應該知道守住口業，切勿言辭輕浮虛誇。

想要受人尊重不需要論人是非，用八卦吸引他人目光。只要我們隨時能帶給他人歡喜，多對旁人說鼓勵的話，讚美身邊的美德良行，自然而然就能吸引許多人圍繞在身邊。

當你想要議論他人是非時，不如將對方所為當做對自己的歷練。心裡這樣想：他犯下的錯誤其實就是在提醒我，使自身警惕，不要犯下同樣的過失。如果我也有與他相同的惡習，及時改正；如果我沒有與他相同的惡習，鼓勵加勉。

人要善於發現他人的優點，而不是刻意尋找他人過失。這樣練習一番，你的刻薄之心會漸漸有轉機，口頭上的過失也會有所減少。

覺得對方確實有不對的地方，可以當面批評，彼此溝通交流，讓對方明白你的批評是出於善意的，如此兩人就不會產生矛盾。

站在別人的立場為對方著想，多說些鼓勵他人的話，可以令我們的心回歸純善純淨。

不可根據表象就斷定一個人不好，任意在背後批評人家。當你將一個壞人看做了好人，對人說起他的好處，別人頂多以為你是無知、愚笨。但當你把一個好人看做了壞人，對人說起他的壞處，別人會認為你居心叵測。

千萬不要去揭露他人的隱私，你只知道別人的隱私被你到處宣揚，卻不知道自己的隱私也有可能早已是眾人皆知。

那種是非不分到胡亂「咬人」的人，沒有道德且不懂得尊重他人，他們喜好說人長短，遲早也是被人非議的物件。常常說人是非者就是是非人，品德低下。

面對誹謗，應不辯解善包容

人之謗我也，與其能辯，不如能容。

——弘一大師

這是一則有關優婆塞阿多羅與他夥伴的故事。

阿多羅居住在舍衛城，是佛陀座下一名正在修行的在家弟子。這天，他與五百名夥伴來到祇陀園，準備聆聽利華達尊者的開示，心裡有很大期望。

他們謹遵佛禮，恭敬地對利華達尊者禮拜，然後態度肅穆地坐在旁邊，等待利華達尊者為他們開示佛法。但他們不知道的是，這位尊者是宛如獅子似的獨居修行者，極少為弟子做出開示，這一次也不例外，他沒有為這群在家弟子開示。

阿多羅與他的夥伴等了很久誰知是一場空，心裡十分生氣，便起身去尋找舍利弗尊者。他見到他之後施行了頂禮，便恭敬地站在旁邊，似乎是有話要說。

舍利弗尊者看著他問：「阿多羅，你找我有什麼事嗎？」

阿多羅向尊者埋怨道：「我帶領了夥伴前來這裡，希望能聆聽利華達尊者對我們開示佛法。但是尊者卻對我們什麼也沒有說，這是無視我們的敬仰之心，所以我覺得生氣，便來到這裡，希望您能為我們開示佛法。」

舍利弗尊者欣然答應，隨即給阿多羅與他的這群夥伴做出開示，講解了冗長而高深的佛法。

阿多羅聽了之後不以為然，覺得他為他們講述的高深妙法，對他們並沒有什麼用處。

阿多羅想了想，決定帶著夥伴去參謁阿難尊者，在阿難尊者面前請求道：「尊者啊！我們想聆聽利華達尊者的開示，可是他沒有一字言語；我們又去請求舍利弗尊者給我們開示，他卻講了一些對我們無用的長篇大論。所以現在我們尋找到您，希望能夠聆聽您為我們做出的開示。」

阿難尊者聽了後沒有拒絕，便為他們做出了非常簡短的開示。阿多羅聽了仍然不滿意，覺得阿難尊者的開示太精簡，他們不能完全理解其意義。

就這樣，阿多羅帶領他的夥伴尋找到了佛陀，向佛陀施以恭敬的頂禮，然後神態肅穆地對佛陀要求說：「世尊啊！我們想聆聽利華達尊者的開示，可是他沒有一字言語；我們又去請求舍利弗尊者給我們開示，他卻講了一些對我們無用的長篇大論；我們請阿難尊者給我們開示，他給予的開示卻極其簡短……我們覺得不甚滿意，所以現在尋找到您，想懇請您為我們做出開示。」

佛陀等他說完之後這樣說道：「在家弟子阿多羅啊！從古至今就沒有人不會被誹謗，那些沉默者、多話者或是少話者也會被人誹謗，尊者會被人誹謗，即使是國王也會被人誹謗。世上無人不被誹謗！我身為佛陀，雖說有不少世人給予我讚譽，但是也難免被愚癡者誹謗，這是為什麼呢？其實，愚癡者對於我的讚譽或誹謗都沒什麼重要的，重要的是我是否被有智者誹謗或讚譽……只有從有智者口中說出的誹謗或讚譽才是真正的誹謗或讚譽。」

阿多羅聽過之後頓時感覺到了一絲羞慚。

佛陀緊接著給阿多羅及他的這群夥伴們誦出了佛偈：

阿多羅應知此非今日事，古語已有之。默然為人誹，多語為人誹，寡言為人誹；不為誹謗者，斯世實無有。全被人誹者，或全被贊者，非曾有當有，現在亦無有。若人朝朝自反省，行無瑕疵並賢明，智慧戒行兼具者，彼為智人所讚譽。品如閻浮金，誰得誹辱之？彼為婆羅門，諸天所讚譽。」

佛陀所言，其實是指出了阿多羅的作為屬於愚癡者，因而他並不在意阿多羅對於幾位尊者的評價。在他看來只要為人修養賢明，品德能力如同閻浮金，旁人的誹謗又算得了什麼呢？智慧戒行兩者兼具的人，自然能夠得到智者的讚譽，即使有愚癡者誹謗，也不能對其品質有任何影響。

弘一大師對此也有如出一轍的見解，有關他人誹謗，他的主張是，如果人誹謗了我，與其和他們爭辯，還不如放寬心境，包容他們的誹謗之言。有的人誹謗他人可能是有意的，也可能是無意的，但無論他是有意或無意都不會改變事實真相，事實真相如何，遲早會被眾人知曉，作為當事人又何必非要去辯解呢？假如我們自身沒有任何過失而遭到誹謗，那麼就是對方無中生有、不明事理，犯下惡業，不會得到好的果報。對於這樣的人，我們反而要憐憫他，因為他們是在與我們相處時造作了惡業。

《了凡四訓》有云：「聞謗不怒，雖讒焰熏天，如舉火焚空，終將自息；聞謗而怒，雖巧心力辯，如春蠶作繭，自取纏綿。」只有具有高深修養的人才能懂得，天地與自身是同根的，萬物與自身也是同根的，既然我們與外界物相本來都是一體的，對於旁人的誹謗之語，又有什麼不可包容的呢？

一位禪師出外雲遊遇見一個對他有偏見的人，這個人品性不端，好幾天都跟著禪師，使用各種方法來辱罵、污蔑他。禪師對於他的行為一直沒有回應，直到最後那人把話都說盡了，才問他道：「施主，如果有人把一份禮物送給你，被你拒絕了，那麼這份禮物現在是屬於誰的呢？」

這個人不假思索地回答說：「當然是屬於原先要送禮物的人啦。」

禪師對他微微一笑，道：「那就沒錯了，我拒絕了你的謾罵誹謗，你原來一直在罵自己啊。」

誹謗他人之人必將自食惡果，我們不必要為其讓自己的心境受到影響。

面對誹謗，我們最治本的方法就是以不變應萬變，巋然不動，保持一顆不動心。真的就是真的，真的假不了，假的真不了，如果你真的存在過失，那麼你需要付出相應的代價，進行自我反省，努力改正錯誤。倘若誹謗的內容是根本不存在的，就務必不予理會，只要我們不放在心上，保持自身的安寧清淨，誹謗慢慢就會平息。

◇開悟箴言

有人批評自己其實是一件好事，我們應該感激對方。因為是批評者提醒了我們要自省，要懂得檢查自身是否做過錯事，造作過惡業。

他人的誹謗有時能促進個人的進步，幫助我們找到內在的不足。面對他人口中有關自己的言論，可以用「是非以不辯為解脫」的態度來處置，為了謹防犯錯，可以每日三省己身，確保自己儘量少出錯。

別人說我們的壞話，生氣難過是無用的；別人說我們的好話，歡欣鼓舞也是不必的——因為他人評價中帶有主觀臆斷，這其中壞中有好，好中有壞，就看你善不善於辨別，會不會作為借鑒。

好譽而惡毀，時常有之，一般人都是喜歡聽別人誇讚自己，而不願聽別人批評自己。好言好語者容易與人相處，言辭刻薄者容易與人發生摩擦，想要與人為善，就需要我們平時在言辭上多注意婉轉溫和，不要隨意議論。

如果一個人常常被人侮辱誹謗，想必是自己的德行的確存在不足，應當先反省一番，努力改正缺點，從自己內心將對立的情勢徹底化解開來，再用包容感化的善行消除你與對方之間的誤會衝突，從而獲得和諧與安定。

遇到輕狂者，當施予穩重

輕當矯之以重。

——弘一大師

這是一則有關某些自以為賢德的比丘的故事，是佛陀居住在舍衛城祇陀園精舍時在開示會上提起的。

在一次聚會上，某些自以為賢德的比丘對其他比丘說：「我們已經很賢德了，首先我們實踐佛法，其次我們還很博學，最後我們能做到獨自隱居，可見我們已經通經，由禪定的功德獲得了神通。現在看來，我們想要到達阿羅漢境界也絕非難事，只要我們願意，隨時隨地就可以證得阿羅漢果。」

聽了他們的話，那些已經獲得三果的比丘們也禁不住說道：「你們已經如此賢德了，那我們抵達阿羅漢境界也並不是什麼難事。」

某天，這一群比丘一起去禮敬佛陀，頂禮之後恭敬地坐在旁邊。

佛陀看著他們，問道：「比丘們！你們已經完成自己的宗教義務了嗎？」

他們都不約而同地回答說：「世尊啊！通過修行，我們已經到達了不低的境界，隨時都會證得阿羅漢果，我們為了證得果業，還要繼續隱居修行。」

佛陀知道他們之前在聚會上說的話，便道：「比丘們！你們是否以為只要持守戒律，已經證得三果就可以從少許痛苦中解脫出來？你們是否以為只要到達某種禪定境界，就可高枕無憂？你們的想法是錯誤的。相反，如果你們不能做到完全杜絕一切會使自己道德墮落的因素，是始終也無法獲得真正的安寧的。」

隨即，他對這群比丘誦出了一段偈子：以戒律行，或由於多聞，或由證三昧，或由於獨居。謂受出家樂，非凡夫所能。汝等漏未盡，莫生保信想！

輕狂浮躁都是可以致人道德墮落的因素之一，如果不能抑制內心輕狂的一面，施以穩重，他們即便到達何等修行的境界，也仍然享受不到修身的樂趣。

弘一大師也認為，對於輕狂之人，應當用穩重的品格來矯正、應對，應讓他們明白輕狂自傲也是通達安寧清淨世界的障礙。

那麼，何為穩重？心態上的沉靜莊重、不輕浮是為穩重；處事時謹慎踏實的辦事風格是為穩重；遇事時縝密周全的處置方法是為穩重；待人時端正持重的成熟心態是為穩重……穩重的人待人接物能讓人放心，值得信賴，以為可靠。

與輕狂相比，穩重是一種大智若愚的智慧，儘管在某些人看來穩重之人處理問題時比較遲緩，但凡遇到什麼事情都要經過充分考慮才能下決定，然而他們表面看來遲緩可實際上辦起事來總體效率較高，周密而鎮靜，犯錯的機率會比較少。態度輕狂者，遇到事情時性情會變得著急而浮躁，難免給人留下思想膚淺、行為輕浮，處事不嚴謹、不細心的印象。

即便是修行之人，如果性情輕狂不夠穩重，行事定然不可能準確，極有可能在面對緊急事務時變得倉促慌亂、手足無措，就算強行做出決定，犯下過失的幾率也很高。

沒學會走就想學跑，沒把眼下的基本功夫紮牢，當前的步驟還沒有進行完畢就打算開始下一次步驟，難道不會留下很多隱患，犯下錯誤嗎？

所以法師才拒絕輕狂，為人持重，在與人相處時從未口出輕狂之言，得到了無數人的敬重。沉穩還意味著為人處世沉著而有分寸，所謂「小心駛得萬年船」，有這種品格之人又如何會「陰溝裡翻船」呢？

處理事情時，我們首先應當考慮做這件事的必要性有多大，有幾條路可走，有沒有其他的路徑容我們以備後患，成功的機率有多大，風險幾分，失敗的機率有多大，挽救的可能有幾分……思慮得越周全，犯錯的可能越低。這便是穩重的行事風格。

當你確定一個目標時，行動起來是否感覺到內心急躁？太過急躁就必須自省，先探查出自己因何而急躁，是害怕失敗還是急於求成，抑或是過於看重結果。等自我反省過後，你定然可以冷靜下來，就不會再如此急躁了。

一個人是否能獲得真正安寧清淨的境界，培養穩重的性情也是重要因素之一。

◇開悟箴言

行事穩重者，不會僅僅著眼於眼前的利益，他們能懂得做長遠打算，看得比較遠，走得自然也比較遠。

穩重修行者不會人云亦云，更加不會跟著他人到處跑，遇到困難險阻不會輕易放棄。

至尊大師索達吉堪布仁波切曾在《前行廣釋》中鄭重地說道：「個人修身，只有先打下牢固紮實的基礎，一輩子的修行才不會顛倒……」可見培養穩重性情的重要性。

年少輕狂者看別人身上都是缺點，成熟穩重者看別人身上都是優點。

輕狂之人往往害怕失敗，站得高而摔得狠，這是人性的弱點，也是其內心脆弱的表現。真正強大的人理應具有大海一般寬廣的品格，穩重成熟。世上的狂人牛人很多，但真正能站在山頂巔峰的人，卻不是這些人，而是沉穩持重之人。

急公好義、急功近利都是性情輕狂的體現，我們在平日處置事務時應當儘量改正這種缺點，凡事作出決定時多一分機警與考慮。

浮華的人，應以平實去矯正

浮當矯之以實。

——弘一大師

從前，山裡有個小和尚，每天都要念經，時間一長他就感覺到了厭煩。

這天夜裡他做了個夢，夢境很奇怪。他居然夢見自己走向閻羅殿，在路上看見了一座宮殿，金碧輝煌，無與倫比，宮殿的主人十分友善，邀請他留了下來。

小和尚對宮殿主人說：「師父每天要我念經和修習佛法，我現在不想看書，只想吃想睡，過得悠閒自在一點。」

宮殿主人對他呵呵一笑：「你的願望很簡單，我想再沒有我的宮殿更適合你的了。我這座宮殿裡有許多豐富美味的食物，你可以隨意享用，不會有人來讓你去念書或念經。這裡沒有佛經，也就不存在任何佛法需要你修習了。」

小和尚一聽就喜滋滋地住在了這裡。

在宮殿裡的日子過得很悠哉，小和尚每天除了吃就是睡，不用學習不用念經，沒人嘮叨，他感到從未體驗過的快樂。但過了幾天，他感覺到了內心的空虛與寂寞，想有些改變，便去參見宮殿主人，請求道：「我在宮殿裡每天吃了睡，睡了吃，實在太無聊了，時間長了就覺得一點意思也沒有。先生，我已經不想過這種生活了，沒有一點興趣，您能否給我找幾本佛法經書呢？或者，您為我講一些有關佛祖的故事吧？」

宮殿主人搖著頭告訴他：「非常抱歉，我做不到，這裡從未存在佛經這種東西，有關佛祖的故事我也不知道。」

小和尚忍耐著又過了好幾個月，終於受不了了，便再次找到宮殿主人，說道：「先生，我實在忍受不住這種吃吃睡睡的日子了！我央求您，給我幾本經書看吧，我現在每天聽不到佛法，覺得痛苦極了。如果還要繼續下去，那我寧願承受地獄的煎熬，也不要再住在這裡了！」

宮殿主人看著他，臉上露出了輕蔑的微笑：「可憐的小和尚，這裡難道是天堂嗎？其實，這裡本就是地獄。」

人活在世上不能光惦記著享樂，而是需要用思考與勞動豐富自己的生活。否則，倘若整天都活在吃吃睡睡的安逸世界中，表面看來是得到了享受，但實際上精神墮落了，無異於生活在地獄裡。每日飽食終日的人與被餵飽了待宰殺的牲畜有何區別呢？人只有具有了思考與勞動才是一個真正的人，莫非你想成為世間遊蕩的一具行屍走肉嗎？

浮華的生活看起來光鮮美好，但卻會使人懈怠、懶惰，從而喪失生活的目標、理想，這樣的人一輩子庸碌，除了肉體上得到了一絲享樂，在靈魂上卻是虛無空洞的，只是一具軀殼。

《了凡四訓》講述了這樣一個故事，說有位老道遇見一個落第的秀才，對他進行了指導。

秀才雖然落第了但他自以為自己的文章非常不錯，對於自己沒有被錄取的事情，一直埋怨道：「哼，那是因為考官的眼睛瞎了，不識金玉！」老道在旁邊靜靜聽了許久，才道：「非也非也，我看，一定是你的文章不夠好。」

秀才很不服氣地反駁他說：「你這個出家人，你又沒有見過我的文章，憑什麼說我的文章不夠好？」老道輕捋鬍鬚，對他笑道：「你看你，我說了你一句你就浮躁起來，又如何能寫出好文章呢？可見你不肯沉下心來聽取他人教誨，只追求浮華的成績與結果，哪裡是真正在做學問！」

事實也的確如此，這個秀才平日學習只知道堆砌華美辭藻，不肯認真鑽研，自以為寫的文章極好，可他的文章空洞無物，是經不起推敲的。這樣一個人又怎麼可能有成就呢？秀才仔細琢磨，很快明白了老道的話，這才心服口服地向老道請教起學問。

從古至今，有學問的人從不將學問掛在嘴邊，他們內心清淨，性格沉穩，將一身學問融匯在日常事務中，在處世為人上就可體現出來，而不是專門修煉文字或嘴皮子功夫。如果一個人修行的功夫都只存在於面相，那他身體裡一定是空空如也。

所以弘一大師才道，對待性情浮華的人，我們需要用平和實在的性情去矯正。浮華是一種只做表面功夫的不良習氣，只有用平和實在的性情才能抑制並中和。對於這樣的人，我們可以選擇用平實無華的言語來勸誡，用行動來引導，盡力讓他們改正處事浮華的性情與態度。

習氣於人而言是最難改正的，對於積習已深的人，我們作為具有較高修養的人，可以用自身修養所散發出的氣度來感召對方。幫助一個人也需要講究對症下藥、潛移默化，習氣不端正的人如果與習氣優良的人相處時間長了，必然會受到其影響，在不知不覺之間改變氣質，遠離偏頗的心理誤區。

弘一大師還認為，人格的培養是一個極其緩慢、崎嶇的過程，古語說得好，所謂「百年樹人」，要培養好的習氣，使性情平和踏實，的確不是一朝一夕的努力就可做到的。然而人格的完善決定著我們是否鑄造一顆和諧的心靈，獲得幸福的人生，所以只要明白了這個道理，哪怕身邊並無性情如何完備之人，我們自己也應當審視出性格上的缺陷，根據法師所言，採用相應的辦法來進行調整，一步步達到身心的和諧統一。

培養平實的好性情，也是我們提高修養的必備要素之一。

◇開悟箴言

少有人懂得平實的好處，如果想真正懂得，就需要我們付出一定的時間與閱歷。

平實之人可以腳踏實地，積累經驗，實則是暗藏潛力。

安穩的生活，需要的是腳踏實地的平實與淡然。倘若我們的生活可以豐富而不膚淺、恬靜而不喧鬧、理智而不盲目……那麼，在物欲橫流的塵世中，就可獨守一份淡泊溫和的心境，從繁華中守護質樸，笑看人生。

平實之人就像是一杯溫度適宜的茶，不淡不濃，恰到好處，有這樣的人在身邊可做師長朋友。

平實不等同於平凡，平實之人常常做著最平凡的事，但能做好平凡小事的人本就不易，具有難能可貴的毅力的平常人，又怎麼會平凡呢？

浮華的性情容易令人沾染好高騖遠、不求實際的作風與態度，華而不實如何能做得好實事？還是踏踏實實、依循規律來為好。

用溫和柔順的心境去安撫粗暴剛烈之人

躁急當矯之以和緩；剛暴當矯之以溫柔。

——弘一大師

Ａ君是一位出名的劍手，他的水準很高，所以經常受到他人的挑戰。

曾經，他遇到一位與他勢均力敵的對手，兩人時不時就約好了比武，但爭鬥了三十多年兩人仍然分不出勝負。Ａ君下定決心，勤奮練功，希望在下次決鬥時，能打敗他。就在這次決鬥中，他的敵人突然從馬上摔下，倒在了地上，這時如果Ａ君趁機拿劍走到他面前，頃刻就能置他於死地，獲得勝利。

倒在地上的對手忽然仰起頭向他臉上吐了一口口水，Ａ君一抹臉，非但沒有惱怒，而且還停了手，對這個對手說：「你快點起來，我們明天再打一次！」他的對手可以說是死裡逃生，頓時愣住，不知道他為什麼要停手。

Ａ君這樣對他說：「與你爭鬥的這三十多年，我一直在鍛鍊自己，每日自修，儘量讓自己在每一次爭鬥中都不帶有一絲怒氣，正因為情緒不容易波動，一直能理智地出招，所以才能保持不敗，與你勢均力敵。但是，你對我吐口水的那一刻，其實我心中已經動了怒氣，如果我在這種時候殺了你，勝利對我來說又有什麼意義？所以我停了手，等到明天我們兩個都冷靜了，再來打一場，到時候的勝負才是真正的勝負。」

聽了他的這番話，他的對手頓時有所醒悟，不願再與他決鬥了。因為他決心要拜Ａ君為師，跟隨他學習劍道。A君呢，漸漸通過修行徹底消除了心中的暴戾之氣，使得自己的劍術更上一層樓。他發現，如今寧靜祥和的心態能讓他更加強大，所向披靡。

憤怒暴戾會使人拋卻理智，喪失了理智的人，自然在行為上錯漏百出，更容易失敗。

當我們面對問題時，簡單粗暴的對待方式是不正確的，難免偏頗，理應摒除。

這是一則關於王舍城農人普納的女兒「優陀羅」的故事。

優陀羅的父親為富翁蘇瑪納工作，每天的工作就是在田裡勞作。某天優陀羅的母親準備好了食物，準備去供養舍利弗尊者，適逢尊者剛從禪定中醒來，對她說道：「您的女兒優陀羅做了許多善行，現在她的善行為你們帶來了善報——普納先生在田裡勞作時，發現了一些金子，你們一家將成為富翁，國王也會給予賜封。」

優陀羅做了什麼善行呢？

事情是這樣的，優陀羅與父母曾經連續七日供養佛陀和比丘們，第七日時，他們一家三口都證得了初果，獲得了一定功德。不久之後，富翁蘇瑪納的兒子娶了優陀羅為妻。但是蘇瑪納一家人全都不是佛教徒，因此優陀羅感覺到了不適，在丈夫家裡無法修行佛法，心中很不愉快。她回家時便對父親吐露煩惱，說道：「為什麼你們要把我關在牢籠裡呢？現在我根本無法親近比丘與佛陀，更加不能供養僧團，這樣的日子太痛苦了。」

父親聽了很為她難過，就給予她一筆錢，希望她能做自己想做的事情。她拿著這筆錢想了想，想要供奉佛陀與比丘們，但害怕不能履行妻子的義務，就徵求了丈夫的同意，雇來了一位美麗的妓女詩利馬來代替她履行妻子的責任，為期十五天。

在這段時間，優陀羅如願供養了佛陀及比丘們，日子過得很忙碌，但也很充實。當到了第十五天時，她還在廚房為僧眾準備最後一頓飯，這時她的丈夫從視窗看見了她，不由自主地笑起來，自語道：「真是個愚蠢的女人哪！她不僅不懂得享受，還因為佈施讓自己如此勞累。」

妓女詩利馬就在她丈夫身邊，聽了他的話，一時忘記了自己是被雇傭的女人，嫉妒起優陀羅能擁有這樣的丈夫與錢財，就克制不住自己的妒嫉之心，心裡產生了邪惡的想法。她趁著別人不注意，來到廚房拿起一把鐵勺，舀起熱騰騰的牛油打算要澆在優陀羅身上。

優陀羅知道詩利馬來到廚房了，心中也得知了她想要做什麼，但心懷寬容，對她沒有生出敵意。她發了大慈悲心，還對她有所感激，因為是她代替自己履行了妻子的義務，所以自己才能佈施。她便在心中默念道：

「如果我對詩利馬有一丁點的惡意，那就讓熱騰騰的牛油燙傷我的皮膚吧！如果我對她沒有絲毫的惡意，懇請神通展現，讓那牛油不能燙傷我！」結果就在她默念之後，熱騰騰的牛油被倒下，卻沒有將她燙傷。

詩利馬驚嚇，她後悔不已，很想參見佛陀求得開示。

佛陀得知了詩利馬與優陀羅之間發生的事，看到詩利馬走到跟前向自己懺悔，並且說道：「尊者！我對不起優陀羅，請您原諒我的罪行吧，否則優陀羅肯定不會原諒我的……」

佛陀轉過頭問優陀羅：「當你看到詩利馬手持的熱油將澆下時，你心裡在想什麼呢？」

優陀羅平靜地回答說：「世尊啊！我對於詩利馬是有虧欠的，所以心中並沒有憤怒，對她也沒有任何的惡意……我想，她並不是故意想要傷害我，我希望能將愛心送與她知道。」

佛陀對她說道：「優陀羅！很好，你做得很好！你用自己的無惡意征服了他人的嗔恨，感動了對你施惡的人。你還以佈施克制了心中吝嗇，戰勝了虛妄。」

隨後，佛陀做出開示道：以不忿勝忿，以善勝不善，以施勝慳吝，以實勝虛妄。

這句話是說，對待他人的忿怒，我們用不忿可以克制；對待他人的不善，我們用善良可以克制；對他人的吝嗇，我們用慷慨佈施可以克制……法師也說道：「對於急躁的人，我們要用和氣舒緩來矯正對方；對於粗暴剛強的性情，我們可以用溫和柔順來矯正他們。」

人與人相處，總有一些人會突然變得暴躁，控制不住自己的情緒，只有使用暴怒或瘋狂的行為來宣洩心裡的一股氣。然而這種情緒的爆發只會使人喪失理智，抑制住內心的智慧與能力，使得事情不免朝著不利於自己的方向發展，甚至傷害他人。

其實正如弘一大師所言，我們只有用純正祥和的心態來抑制心中暴戾，才能將內心的智慧發揮出來，做出正確的決斷與選擇，使事情朝著有利於眾人利益的方向發展。怒髮衝冠、大發雷霆只不過是心中無修養的表現，因為發脾氣容易，想要控制心中憤怒才是不易。

倘若一個人經過修煉可以徹底滅除心中的粗暴、剛烈之氣，那才是真正的有德行。

◇開悟箴言

有時候人會發脾氣，會粗暴剛烈而不容易相處，是因為心中覺得別人侵犯了自己的利益，甚至傷害了自己尊嚴。當萌發出這種念頭時，是否想過，自己是不是也做出過侵犯他人利益的事情呢？只允許你去損害別人利益，卻不能容忍別人來傷害你，你還有理了嗎？

時刻觀心能幫助我們克制情緒，當還沒有爆發出來之前，我們應該就能夠察覺情緒在蠢蠢欲動了。這個時刻是很關鍵的，我們需要及時勸告自己，矛盾需要用寬容來化解，爆發情緒是劃不來的，暴烈的情緒傷人傷己，不如消融在心裡。

以溫柔抑制暴戾之氣，可以借助於靜坐的修養工夫。平日經常默念「阿彌陀佛」、「觀世音菩薩」等聖號，也是有一定幫助的。在我們感覺到情緒即將失控時，念佛能起到移轉情緒的作用。

我們在自修時可以用一種信仰來保持清淨的念頭，紓解心中怒意。

改變粗暴剛烈的性情，目的不是壓抑自己，而是通過各種途徑來化解自己的負面情緒。其實最簡單的方法有一個，那就是當情緒來時，我們告訴自己不要管它，不要老想這個問題，轉移注意力，心中就能慢慢冷靜了。

不要老是想著要衝過面前的問題，對抗它、擊敗它……如此，負面情緒將逐步轉化，可以很簡單地被我們所化解。

對待他人應在錯中撿對，方止刻薄之心

待人，當於有過中求無過，非但存厚，亦且解怨。

——弘一大師

佛陀曾對弟子說起王妃瑪甘迪雅的故事。

王妃瑪甘迪雅是俱生皮國優提那王的三名愛妃中的一個，她擁有迷人的美貌，卻做出過雇傭流氓誹謗佛陀的事情。

當時受到誹謗的佛陀並沒有責備她，而是寬容並包涵了她的作為。

事情是如何發生的呢？原來當初瑪甘迪雅的父親很敬仰佛陀的人格與樣貌，於是乎決定把女兒瑪甘迪雅嫁給他為妻，但是，佛陀拒絕了他的好意。佛陀對他這樣說道：「即使是我的腳底，也不願觸碰那些有如糞便的汙穢之物。」

佛陀開示之後，瑪甘迪雅的父母頓時有所覺悟，證得了初果。可是，瑪甘迪雅知道了這件事心中卻有了憤恨，對佛陀充滿了敵意，下定決心要找機會報復佛陀。

不久之後，瑪甘迪雅嫁給了優提那王，成為了他最疼愛的三名王妃之一。後來的某天，佛陀來到了俱生皮國弘法，她得知了這個消息，立刻私下雇傭了幾個流氓，吩咐他們：「你們等著佛陀進城化緣就跟著他，在他後面不斷地辱罵並誹謗他！」這幾個流氓接受了吩咐，便在佛陀後面，使用他們所知道的最惡毒的語言，一直沿路辱罵佛陀。

阿難尊者當時正行走在佛陀身邊，有些受不了這種惡行，就勸說佛陀道：「聖尊！請與我一起

離開這座令人不快的城市吧！」

但是佛陀語氣平淡地對他說：「阿難啊！即使我們去了另一城市，也可能被人辱罵，為何要躲避呢？既然事情是在這裡發生的，那麼就該立刻解決……現在的我們就像是在戰場的大象，要承受來自四方八面的箭。我們不如就此忍受，接受那些無道德者的辱罵吧！只要我們問心無愧即可，他們會對我惡言相向，是因為控制不住內心的惡念，身不由己，是可憐之人哪！」

隨即他誦出一段偈子：如象在戰陣，堪忍弓箭射，我忍謗亦爾。世多破戒者。調禦之騾為優良，信度駿馬為優良，矯羅大象亦優良，自調禦者更優良。

我們或許不能改造他人，那就努力調整自己的情緒吧！世上對自己惡言相向的人絕對不在少數，因為自己不是完人必然會有過失……別人一時失德看不到我們的好，然而我們不能學他們一樣，而是應當儘量客觀地看待他人，從對方身上找到優點。

培養這樣的觀念需要自己的內心平靜下來，以防待人刻薄。

佛陀曾在某次開示會上，提起富翁孟達卡與他的家人。

某一次，佛陀在進入深層禪定的境界時，感覺到了富翁孟達卡與他的五名家人即將證得阿羅漢果，他從禪定中走出，抵達了他們的居住地芭提雅。

孟達卡是當地的富翁，因為他曾在山間耕種時獲得一尊真羊大小的金羊，所以被當地人稱之為孟達卡（羊）。佛陀還看到了他的前世，前世的他曾捐贈過一座寺院給古佛毗婆屍，還曾在四個月內供養了古佛毗婆屍與比丘們。於是在另一世中，孟達卡也是一名富翁，他見到村裡發生了饑荒，就把家裡的食物都捐了出去。當家裡僅剩一點足夠全家人吃一頓的口糧時，一名辟支佛前來化緣，他毫不猶豫地將食物送給了他。因為這次的善業，辟支佛走後，他家裡的米倉暫態滿了，家人無須再挨餓。

這一世，孟達卡與他的家人恭敬地迎接佛陀，卻在途中遇到了一些異教徒。這些異教徒對他們說：「你好像是相信靈魂的吧，為何要去禮拜並不相信這些佛陀呢？」孟達卡聽了不予理會，禮敬地將佛陀迎到了家裡，佛陀在他們面前開示佛法。

開示之後，孟達卡與他的妻子、兒子、兒媳婦、孫女還有一名僕人都有所頓悟，當場都得了初果。這時，孟達卡將在途中遇見異教徒的事情說了出來，佛陀對他如此說道：「這也是很正常的事情，因為人們通常難以發現自己的過失，而總是可以去發現別人的過失。殊不知，發現他人的優點才是好的德行。」

隨後，他與眾人誦道：易見他人過，自見則為難。揚惡如揚糠，己過則覆匿，如彼狡博者，隱匿其格利。

對於這個觀念，弘一大師也力求能得到這樣的境界：對待他人，應當在有過錯中尋求正確，這樣不僅是存有了一顆寬厚之心，也可以解除彼此之間的怨憤。

優建納尊者曾經慣於尋找他人的過失，如此還不算，他還喜歡對人進行惡意的批評。許多比丘都遭受過他的惡語批評，因而找到佛陀，訴說了他的這種不良行為。佛陀聽聞此事，對他們開示說：「比丘們！如果有人總是尋找他人的過失，出發點是為了指點其向善並改正缺點，那我們不該譴責他。可如果他是因為自己的嗔心作祟而故意挖掘他人的過失，還進行惡意的批評，他即是不理解妙法之人，是不可能在禪定中獲取清淨的，他的煩惱將不能消除，與垢穢一同增長。」

佛陀又對他們誦出一段偈子，以為開示：若見他人過，心常易忿者，增長於煩惱，去斷惑遠矣。

人可貴的品質並不是發現他人過失，而是善於發現他人的正確，是以鼓勵並引導其向善。

在別人的錯誤中發現正確，事實上並不困難，只要我們能有一顆公平正直之心，懂得欣賞別人，不帶有偏見地看待對方的行為舉止。當我們審視對方時，內心應該不帶有一絲的功利之心，切勿與那些愚人一般慣於嘲諷譏笑。

看別人是具有何種智慧，有益於我們正確判斷他人；瞭解對方的動機、思想，有益於我們做出正確的選擇。無論別人是否行為失德，是否得罪了你，「長善救失」之道是我們該有的存心與出發點。

與人刻薄，也是與己刻薄，我們只有始終保持一顆尊重他人的善良之心，避重就輕，給對方一定空間，才能在與人交往的過程中創造更多的彼此溝通交流的可能。

以德報怨並沒有大家想像中那麼吃虧，我們所得的是一己的坦然、安靜、正直。

◇開悟箴言

別人對待你的方式，其實都是你教會的。與其埋怨別人對你太壞，請先確認自己是否對他犯下過惡業。

在無意識中，我們常常會教會別人如何對待自己——你尊重別人會贏得別人尊重，你欺辱他人會被他人欺辱，你刻薄別人將得到別人刻薄，你遺忘對方也將被對方遺忘。

對待他人時，我們至少應該做到以下幾點：第一點是尊重對方的人格與隱私，不要過於好奇；第二點是儘量保護他人的尊嚴不受損害，以免事後自責懊悔；第三點是切勿執著於挖掘他人的錯誤與過失，謹防自己眼裡只有惡行卻沒有善行。

不論遇到的是哪種人，我們的心態要足夠公正，不可有偏見或成見，凡事對事不對人。

善於發現他人優點的人活得比較快樂，因為在他看來整個世界充滿了善意與光明，而不是惡行與幽暗。

對待自己應在對中挑錯，方知曉精進

持己，當從無過中求有過，非獨進德，亦易免患。

——弘一大師

佛陀曾對自己的弟子說起過一名馴象師的故事。

曾經，有一群比丘在渡過阿奇拉河的時候，與一名馴象師相遇。當時這位馴象師正在用自己的方法訓練大象，但是他似乎有些失敗，因為無論他怎麼做，都沒有辦法控制好大象。看到這一幕，有一位比丘走出了隊伍，因為他在出家之前也做過馴象師，便對他進行了指點，教導這位馴象師應該怎麼來馴服大象。經過比丘的指點，這位馴象師果然很快掌握了要領，將這頭大象馴服了。

這群比丘回到寺院，對佛陀頂禮之後，說起了這件事。佛陀對那位曾經做過馴象師的比丘說道：「比丘！如果我們不懂得調御自己將遠離佛道，也證不到阿羅漢果。僅憑著馴服大象的德行，你是不會達到涅槃的境界的。我們只有時刻準備好，調御自己，才有可能達到涅槃的境界。」

隨即，佛陀對他誦出一段偈子：實非彼等車乘，得達難到境地，若人善自調御，由於調御得達。

行善是能夠得到善報的，但如果僅僅依賴一兩件功德就奢望得到無尚功德，那是動了虛妄之心。我們處事修行要善於自我調御，使自己抑制住不良習氣，形成優良品德，才有可能獲得更高的精進。因為我們對待自己始終要嚴格一些，在我們行為正確時，也要記得尋找自身缺點，加以改正。

優婆難陀尊者是一位來自薩迦族的比丘，佛陀曾在舍衛城的祇陀園精舍對眾人說起他的經歷。

這位尊者是善言宣教者，很善於言說，所以深得民心，被當地人尊稱為薩迦之子。他在教導他人時常說：「做人不要貪心，不要過分要求，應當豐富自己的滿足感，在平時勞作時多節儉、勤修行。」

可是，優婆難陀尊者卻是個言行不一的人，他不但從未實踐他自己口中宣揚的學問，還時常收去信徒們供養的袈裟，以及其他物品。

有那麼一次，優婆難陀尊者來到某個村子，適逢雨季。這個村子裡的修行道場裡有不少的年輕比丘，在聽過他開示佛法後，很快就被其口才所折服，便央求他留下，讓他在道場裡躲過這幾日的雨再走。

優婆難陀與他們住在一塊，就問起他們：「如今是雨季，你們還能獲得多少件袈裟的供養呢？」比丘們回答說：「尊者！我們每人只獲得了一件而已。」聽了這話，優婆難陀尊者立刻起身離開道場，只留下了一雙鞋。

不久之後他就來到了另一處道場，對當地的比丘們提出了一樣的問題。這個道場的比丘們告訴他：「尊者！我們能獲得兩件袈裟的供養。」優婆難陀尊者聽了這話，起身立刻離開了道場，他只留下了自己的水杯。

不久他又到達了另一間寺院，問了當地的比丘一樣的問題。當比丘們告訴他：「我們只能獲得三件袈裟的供養。」優婆難陀尊者連忙起身離開，只留下了自己的水壺。

直到他抵達了第四個道場，獲悉這裡的比丘能獲得四件袈裟供養時，這才留了下來。

雨季結束之後，優婆難陀尊者拿著自己得到的四件袈裟到第三個道場，帶走了三件袈裟，然後又來到第二個道場領取了兩件袈裟，最後回到留下拖鞋的第一個道場拿走了屬於自己的供養——一件袈裟。

拿著這些東西，他繼續上路，遇見了兩名年輕比丘。他們為了兩件袈裟和一床絲織被單而爭吵不休，誰都不願妥協，看到優婆難陀尊者在場，就決定請他為他們評斷。優婆難陀尊者想了想，給他們一人一件袈裟，自己卻拿走了那床絲織被單，把這當做自己評斷的報酬。

兩名年輕比丘見此情況，心中難以信服，但也沒有辦法，沒處說理。

他們後來把這件事告訴了佛陀，佛陀聽了之後召見優婆難陀尊者，譴責了他的行為，並對其他比丘開示道：「比丘們！一個人教導他人，應先做到自己所教導的內容。如果自己尚且做不到，有什麼道理去要求他人呢？」

最後佛陀對眾人誦出一段偈子：第一將自己，安置于正道，然後教他人，賢者始無過。

一個人如果能發現自己的錯誤，便是有所開悟。如果在發現錯誤之後懂得及時改正，便是有了功德，成就了自己。一個人如果可以發現自己所有的錯誤，可以稱之為徹悟。如果能改正掉自己身上所有的錯誤，可謂功德圓滿！

問世間，又有幾人可以功德圓滿？唯得道高僧而已。

弘一大師是否功德圓滿我們並不知曉，但我們從他持己的幾點見解就能知道，他即使在臨死前並未到達圓滿，也相距不遠了。

大師認為，人應當時刻審視自己，覺察出自己的缺陷與毛病，你會發現曾經討厭別人的許多缺點，其實在自己身上也是存在的。做人要懂得時常回頭看看自己，發現自身不足，嚴格要求自己。而且這種審視應該是沒有間斷的，若是自省的功夫不能夠連貫起來，幫助自己提高修養、改正錯誤的效果也就不甚明顯了。

弘一大師的話也是勸誡我們，與其尋找、厭棄他人的缺點，不如盡心盡力改正徹查自己的過失。古人早說過「人非聖賢，孰能無過」，然而常人總是能看到別人的缺點，卻對於自己的缺點視而不見，這便是最大的過失了。

唐太宗的宰相魏征說「以人為鑒，可明得失」，也是提倡人們可用別人作為一面鏡子，映照出內心的毛病，知道如何洞悉自己的得失。

其實，當我們厭惡他人過失時，應當覺察到，他人也同樣在厭惡我們自身的缺點。在這樣一個觀心的過程中，我們就可以發現自己的過失，盡全力改正，如此修行學習才會有精進。

若一個人不知道自己的過失在哪裡，知道了不知改正，永遠不可能有所進步。

◇開悟箴言

觀心之道，在於多體察自己的缺點，由此才能儘快改正自己的過錯；修心之道，在於多體察別人的優點，由此才能及時領悟到別人的德行。

我們身上難免存在這樣或那樣的缺點，因為真正完美的人是不存在於世上的，知道自己的缺點並不可怕，可怕的是知道了缺點卻不敢於改正。

時常掩飾自己缺點的人是無知無能的，他們百般掩飾自己就是害怕別人也看到了自己的缺點，從此不再尊敬、欽佩自己。這是一種為了亮麗顏面而陷入的妄念，宛如桎梏。

我們面對自己的缺點要敢於面對，坦然以對，勇於承認是具有勇氣的智者。

相信人性本善，可以使我們時刻保持清醒與冷靜，發揚善行，並自省自律，能夠看到自己的缺點。

多數人可以發現自己的缺點，但不能持久地改正缺點，所以終究沒能做出成就。成功的祕訣所在，是恒心與毅力，能保持積極向上的處事心態。

《弟子規》說：「見人惡，即內省，有則改，無加警……」指的就是，別人的錯誤可以成為人們自省的借鑒。

第七章 惠吉卷

收斂光芒，讓自己成為一個無名氏

古往今來，聖賢的身上總會散發出耀眼的智慧光芒，令人嚮往。

那麼，我們做人是該求一世盛名還是求一生平安呢？ 世人皆知，聖賢的美譽可流傳幾千年而不衰，卻少有人知道他們為何會盛名永存。事實上，在聖賢降生的時代，他們無一不是低調淡然之人，清心寡欲，從不宣揚自己是如何至善明理。而中國人信奉中庸之道，也是蘊涵其中道理，所謂平安是福，人世間為人處世的關鍵之處在於低調淡然。不求名利，淡然處世，看起來是平淡無奇的觀點，但實則是深奧的處世謀略，從人性本善的根源來提升人們獲取為人處世的真諦。

群居要守口，獨坐需防心

群居守口，獨坐防心。凡夫學道法，唯可心自知。造次向他道，他即反生誹。

——弘一大師

這是一則類似於寓言的小故事。

話說曾經有個小國派遣使者到中國來進貢，送給中國皇帝三座一模一樣的小金人。三座小金人用黃金製造，自然是金光閃閃，看起來華光四溢。皇帝看了很高興，甚是喜歡，準備獎賞這位使者。這時，小國使者眼珠子一轉，對皇帝提出一個要求，問：「都說天國人才濟濟，想必應該有人能回答我的問題，請問陛下與各位臣子，這三座金人中哪一座是最有價值的呢？」

皇帝絞盡腦汁思考，問在座臣子的意見，又請來珠寶匠對三座金人進行了檢查，秤了重量，看了做工，還是找不出這三座金人的差別。這下可怎麼辦呢？既然是完全一樣的，哪裡又有價值的差異呢？

小國使者嘿嘿一笑：「陛下，天朝是泱泱大國，不會連這個問題都回答不出來吧？」

這時，一位德高望重的老臣走到使者面前，說道：「稍安勿躁，我有辦法。」

大殿上，老臣讓人給他取來了三根稻草，一副胸有成竹的樣子走到三座小金人跟前，將三根稻草分別插入三座小金人的耳朵，然後對皇帝與小國使者說：「請看！」

結果，插入第一座小金人耳朵裡的稻草從另一隻耳朵滑了出來，插入第二座小金人耳朵裡的稻草從嘴巴裡掉了下來，只有插入第三座小金人的稻草沒有掉出來而是到了肚子裡。

老大臣歡喜地對大家說道：「呵呵，看來是第三座金人最有價值呀！」

使者聽了沒了言語，因為老臣說對了。

之所以說第三座小金人是最有價值的，是在於它善於傾聽，守得住口業。其實，做人也是同樣的道理，老天給我們一張嘴，不是讓我們沒完沒了地說話，也包含了讓我們多多傾聽他人之言。最有價值的人，不一定是最能言善道的。善於傾聽，能夠消化他人的言行，這是一個有修養的成熟的人應具有的基本素質。

多聽少說，群居守口，能避免我們犯下口業的過失。

佛陀曾在某次開示會上，對弟子們講述了一群在郊區度過雨季的比丘們的故事。

這群比丘因為要在一起修行，打算在郊區的一個場所度過雨季。在雨季來臨的第一個月裡，當地的居民給予了他們很好的照顧與供奉，不僅給予了許多豐盛的食物，還提供了許多生活上的必需品，使他們得以專心修行。

過了一段時間，這座村莊被一隊匪徒看中了，某天夜裡遭到了襲擊，一些村民被匪徒給擄走了，財物也損失慘重。村民為了防止匪徒再來侵襲，決定要加強村莊週邊的防衛，因為人手不夠，便無暇供奉這群比丘們。這群比丘就不得不自食其力，自己解決食物與生活必需品的問題。幾個月後雨季結束了，這群比丘回到祇陀園，參謁佛陀之後講述了他們的經歷。

佛陀得知他們確實在雨季經受了不少煎熬，感覺他們即將證得初果，便對他們說道：「比丘們！

從這件事或其他事情上來看，自由是十分難得的。不辛苦費力的生活平常而已，但唯恐防衛不住。正如村莊裡的居民需要做出措施保衛自己的家園與土地，身為比丘，你們也應當在獨坐時時刻防衛自己的那顆心哪！」

最後，他以一段偈子結束了這天的開示：

譬如邊區城，內外均防護，自護當亦爾。剎那莫放逸。剎那疏忽者，入地獄受苦。

即便是比丘，在一個人獨處時也應當時刻防衛自己的內心不被外界物相所擾。人防衛家園尚且不易，更何況是自己的心呢？

因而弘一大師尤為注重這一項的修為，提點眾人：「每個人與群體相處時儘量要閉口少言，守住自己的口業；當個人私居獨處時則應當時刻觀照自己的內心，覺察動念，防止在沒有『以人為鑒』條件下時被雜念惡念所侵蝕。我們普通人學習佛道，自己內心知道即可，不必貿然與他人說，如此反而容易招致誹謗。從事相上看，守口能比較明顯地看出來，但絕對不可忽視，因為口業往往能直接引發禍端。」

古代諺語中也有言「一言興邦，一言喪邦；言者無心，聽者有意」等，說白了也正是言明瞭語言對於世人之間展開溝通的重要作用：適當的語言可以成為大家溝通的管道、橋樑，不適當的語言則會成為破壞大家關係的利器、毒藥。語言是否會對人際關係起到破壞或幫助的作用，全在於我們可否把握得住「什麼話該講，什麼話不該講」。謹慎起見，我們應當依照法師所言「群居守口」。

「獨居防心」則是由個人內心來講的，一顆心的疏密、好壞無疑是禍福的根源，但人的念頭往往萌發得十分隱秘、微細，當某些惡念雜念剛露出一點尖尖角時，外面的人是看不到的，我們自身如果不自省也難以察覺。就算有所察覺，但遠離了眾人，失去了眾人的監督與批評，將會在不知不覺中被我們遺忘，漸漸滋長膨脹。

因此弘一大師才道，人獨處的時候要做好防心的功夫，這主要靠自己一個人生活時也不懈怠修身，時刻體察自己的內心，要學會把「觀心」作為日常的一種習慣。我們只好謹記這段教誨，明白一個人的口業作為與吉凶禍福關係密切，自己內心的防禦與事物的福禍根源息息相關，就會自然而然提高警覺，以端正認真的態度對待自身修為了。

如果能夠做到與眾人相處時守口如瓶，一人獨處時防心如固城了，勢必可以順行正道。

◇開悟箴言

在現實中，我們會遇到正人君子，也會遇到奸佞小人，但要看清一個人需要漫長的過程，當你並不確定對方是哪種人時，還是謹守口業為上，切勿鬆懈。

與人相處時既有坦途也有暗礁，我們不能保證下一刻不會遭遇禍端，但在要求自己這件事上，至少應該做到不犯口業，不染心疾。

嘴巴控制不當，會引發各種禍端，需要我們在具體事物中務必謹慎。要開口對人有所言，應考慮三個限制：人、時、地。人指的是說話的對象，時指的是說話的時機，地指的是說話的場合。凡事多小心總歸是好的，因而我們在開口發表看法、言論時，理應先做些準備，看看說話的對象是什麼人，時機合適不合適，場合對不對，然後再決定要不要開口。

只要是普通人，心靈難免會出現缺口，這種缺口便是我們獨處時最應當防衛的。當缺口出現時，我們也無須害怕，不如就讓這些卑微的、骯髒的甚至是低劣的念頭暴露在熠熠生輝的佛光之下吧！只要你有信仰作為引路燈，讓這些醜陋的念頭成為靶子，持起手中用高貴品德鑄造成的箭鏃，就能準確地射穿它，不再讓其作祟！

完美的內心是不存在的，但我們能通過修身儘量防衛住那些邪惡的起念，這便是在積累功德。「美好」的反面是「醜惡」，兩者是相互依存的，一個人不可要求自身沒有絲毫缺陷，這種念頭本身就是一種不好的起念。我們在防衛自已內心時，一定要領悟最關鍵的道理：一定不要懼怕「醜惡」，因為「美好」的起念通常是從「醜惡」的土壤中生髮出來的。我們不要恐懼壞念頭的顯現，要敢於揪出它，才能將其淨化。

有些事不必明言，單單用我們自己的行動來教育對方，就能夠讓對方心有所悟了。

與萬事萬物融合，就要真誠，忠信

以真實肝膽待人，事雖未必成功，日後人必見我之肝膽；以詐偽心腸處事，人即一時受惑，日後人必見我之心腸。

——弘一大師

某個村莊裡住著一位姓孫的老先生，他祖上都是做木雕工作的，因而他也學到了一手精湛的木雕手藝，是方圓幾百里頗為有名的雕刻工匠。

當時村莊外有一座香火鼎盛的寺廟，很多村民信奉這裡的菩薩，就常常對住持提出請求，希望將寺裡佛像請回家供奉，使得這座寺廟裡的佛像供不應求，時常短缺。住持師父經過思慮決定多做些佛像放在廟中，便派出小和尚去請孫老先生，希望他能做九十九尊佛像以供村民請佛供奉所需。

孫老先生欣然應允，只收取了保本的工錢。幾個月的辛苦雕刻之後，孫老先生做好了九十九尊佛像，選擇一個好日子將佛像都送到了寺裡。

住持師父很高興，帶領小和尚一起把這些佛像都逐一擺好，供奉在佛堂中，覺得莊嚴慈祥。不過他看了一陣子覺得有點奇怪，似乎九十九尊佛像中有一尊有些與眾不同，給人感覺格外不同，卻不知為什麼。

住持師父便詢問他的兩個師弟：「我覺得這尊佛像特別精緻一些，你們覺得呢？」

結果兩位師弟告訴他：「住持師兄啊，我們也有同樣的感覺。」

住持聽了之後想，或許是自己向他倆詢問時，不經意誤導了他們的感覺吧。因為他並不能分辨這尊佛像與其他九十八尊有什麼不同。

這天，剛好有位禪師從這座寺廟路過，進來與住持師父打招呼，住持師父立刻請他去看看佛像，問他：「禪師，您是否覺得有一尊佛像特別與眾不同呢？」

禪師點點頭，一眼認出了他說的那尊佛像。如此，住持師父心中產生了很大的疑惑，這九十九尊佛像都出自孫老先生之手，為什麼只有這一尊能給他們這樣奇特的感覺呢？其他九十八尊並不會給他們這般的感受，莫非是孫老先生請鎮上其他的木雕工匠為他們做了這尊佛像嗎，目的當然是混雜在其他佛像裡，自己卻偷工減料了吧？住持師父便把這尊佛像特地拿了出來，等到第二天孫老先生過來時，就拿出這尊佛像詢問他，是否是其他人製作的。

孫老先生看了佛像之後禁不住笑了，立刻認出來這是哪座佛像了。

他對住持師父說：「其實這尊佛像還是我做的，並沒有假借他人之手。因為就在我為貴寺製作這批佛像的幾月內，曾經有位女施主找上門來向我訂下了這尊佛像，她說很想送給她嫁到城裡的女兒，打算等佛像做好後來寺裡請回去。我自己也有一個女兒，所以聽了這位施主的話很有感觸，很能明白她的心思。於是，在雕刻這尊佛像的時候，我不知不覺地想到了自己的女兒，所以雕刻時特別用心，每一刀都下得格外認真，也許就是因為這樣的緣故，才使得這尊佛像看起來與其他九十八尊都不大相同吧。」

聽完了孫老先生的話，住持師父頓時了然，重新將這尊佛像放回了佛堂上，等待那位女施主前來把這尊特意為她女兒求得的佛像請回去。住持師父感慨地對弟子們說道：「這裡有九十八尊因為生計而做成的佛像，也的確應該有一尊是用誠心真意所完成的啊！」

孫老先生將來回想當日之事時，腦海中浮現出的便是這尊佛像的影像，因為只有這尊是付出了最真誠的感情雕刻而成的。

一件物品雖然是「死」的，但如果有人對其灌入了誠摯的情感，無論誰見了都能有所感受。恰好是這份真誠滋養了人的慈悲之心，並能使一件「死物」變成了一件充滿了感染力的「活物」。

在人類和諧關係的發展軌道中，真誠的確是必不可少的。

從前，山裡住著一位年輕的居士，他這天打算出門去拜訪一位世外高僧。

走了幾百里路，居士抵達了高僧的住處，他們相見恨晚，一直從早上談到晚上，很是投機。高僧的徒弟看天色已晚，便為他們煮了麵條，盛在一大一小兩個碗中。

高僧看了眼面前的碗，伸手把大的那碗推到居士面前說：「請你吃這大碗的吧！」

依照中國人推崇的習慣，這位居士這時理應把大碗的麵推回給高僧，恭敬謙虛地說道：「不，師父，還是您吃大碗的吧！」然而這位居士並沒有這樣做，而是不加推讓地把這碗麵接過來，毫不客氣地吃起來。

高僧看他吃得沒有任何猶豫，立即皺起眉頭，心中有了點不滿：我本以為這個人的慧根不淺，有意指點他入道，豈料他居然連基本的禮儀都不懂！

居士呼嚕呼嚕吃完了，放下筷子才發現高僧壓根就沒有動筷子，而且臉色很不好看，頓時明白了高僧面露慍色，一語不發。

居士這時收起笑容，恭敬地對他說道：「師父，我因為太餓了所以自顧自地狼吞虎嚥起來，有失禮之處請您包涵。但是，如果我將您推給我的麵謙讓回去，又推回去給您，這種行為會違背我的本心，所以我沒有這樣做。既然這不是我真心所願，我何必如此做呢，就為了讓您知道我懂得謙恭的禮儀？敢問師父，您為什麼會將這碗麵讓給我呢？」

高僧回答他：「當然是想請你吃。」

居士點點頭說：「既然如此，您是真心想將這碗麵讓給我吃，而我真的餓得厲害想吃這碗麵，又何必推來推去呢！莫非，師父不是真心把大碗讓給我的嗎？如果不是發自於真心誠意，您又為什麼要這樣做呢？」

高僧聽完他說的這段話，頓時心有慚愧，也有了醒悟。

或許，在中國人的觀念中謙讓便是禮貌的表現形式，但如果僅僅是為了謙讓而謙讓，就失去了謙讓的本真，成為了違心的行為，反而是虛情假意。殊不知禮儀並不是要求人做好形式而已，真正的謙讓是發乎心的，是真誠而不造作的。倘若我們的行為只拘泥於禮儀的形式中，豈不是虛偽的行徑？

為人當待人坦率真誠，盡心無私，誠懇不欺，這才是做人的真諦。

我們在日常活動中，遵循內心萌發出的可貴品格而行，才能順應萬事萬物的發展規律，締造和諧社會。

弘一大師此生待人也尤為講究「真誠無欺詐」，才從自身歷練得到如此領悟：「我們以真實肝膽對待他人，真誠而信賴，事情雖然未必可以成功，但日後他們必然發現我存有的肝膽之心是何等珍貴；如果我們在處世時欺詐虛偽，心腸不真，他人或許當時會受到迷惑而不知，但日後必然能覺察出我們這樣卑劣的心腸。」

弘一大師所言，頗有一番「寧教天下人負我，我不負天下人」的徹悟。

其實，只有待人真誠忠信的人最接近快樂。那些心腸虛偽、欺詐、奸猾、偽善的人，在與人相處時需要不斷地掩飾自己內心，將表面功夫做到光鮮潔淨，好讓他人能夠蒙受他的迷惑，但遲早有一日會被人認清真實面目。所謂「路遙知馬力，日久見人心」，人心不良，不純粹，不潔淨，不真實，那終究是會暴露出來的。

人們快樂的面目來自於真誠、忠信的內心所涵養而成的氣度、表情、情致……倘若以為偽善不會有過失那真是大錯特錯，儘管偽善之人有時看來也近乎真誠，但他始終不是真誠，待人不忠不信，將使人喪失人格的魅力。

真誠與忠信還是一對孿生兄弟，能幫助人們鑄造更堅固完善的內心世界。《論語》中寫道：「曾子曰吾日三省吾身：為人謀而不忠乎？與朋友交而不信乎？傳不習乎？」是將忠信歸納到了人在行事待人時應該謹守的品格之內，並教導人們在自省時要徹查自己是否對待朋友具有了忠誠之心、誠實之心。

一個「忠」字包含有忠誠不二、盡心盡力、無私捨己等意義；一個「信」字則包含有誠實真心、不欺詐、遵循道義、實事求是的含義……如果我們普通人在面對每件事時都能做到這些，也便是成就了待人的真誠之心了。

所以我們說，真誠忠信是能使人與萬事萬物融合一體的重要關鍵。整個世界都本真了，遠離虛偽欺詐了，人自然就如同世間萬物那般純真樸實了。

通透的人生堪比一池清澈見底的流水，能滌蕩一切塵埃污垢。

◇開悟箴言

陶土經過燒製可以成為器皿，鐵石經過熔煉可以成為鋼材，凡夫經過修行可以成為禪匠……說明物品要歷經鍛燒才能成器，人要歷經考驗學習才能成才。不論我們現在是否就擁有了高深的學問，倘若沒有高尚的品德修為，也無法成為一個真誠忠信之人。

真誠忠信是只要經過品格上的修行就可以做到的，並無貴賤高低之分，需要的是堅持不懈的修為與經驗累積。一個人的真誠修為，不可能一蹴而就，也是依靠平時點滴積累起來的，要想明白何為真正的「真誠」，首先要記住一點——真誠無巨細。

曾有一位聞名世界的哲學家這樣說過：「如果這個世界缺失了真誠，那人們的臉上就好像蒙了一層面罩，看不清楚每一個人的真面目。」可見真誠能幫助我們擦亮心靈的眼睛。

真誠意味著良心、善心，更是慈悲心，待人真誠者才有可能為自己贏得真誠與尊重，成為一個樸實而敦厚的人。

真誠忠信是經得起時間考驗的，虛偽違心卻經不起時間的磨礪，要想結交長久的朋友，要想得到長久的尊重與友善，應當從一開始就待人真誠忠信，摒棄心中虛妄。

那些每時每刻需要用謊言來填補過去的謊言的人，對人沒有一絲真誠，遲早將會被虛偽的洪流所淹沒，被人欺詐而一無所有。

《論語．衛靈公》篇中記載說，孔子的學生子張曾詢問孔子，說如何做才能使一個人左右逢源，什麼都行得通呢？孔子當時回答他：「言忠信，行篤敬，雖蠻貊之邦，行矣。言不忠信，行不篤敬，雖州裡，行乎哉？」這段話即是說：「只要一個人言語忠誠真實，行為敦厚恭敬，那麼他即使到了任何一個國家，也都是行得通的。但是如果一個人言語欺詐虛偽，行為狂妄失敬，那就算是在家鄉，還能行得通嗎？」

真誠與忠信，乃是為人之本。

己所不欲勿施於人，放之四海皆準

惡，莫大於從己之欲。己所不欲，勿施於人。

——弘一大師

曾經有個張獵人射箭的技術很高，他生活在森林邊緣，為了生計所以經常打獵。他從小練習射獵技藝，所以能百發百中，成為了遠近聞名的好獵手。

張獵人也以自己的技藝而自豪，這天又進入森林打獵，一邊走一邊尋找著獵物。

忽然，他看到前方樹後有一隻母鹿與一隻小鹿。一大一小兩隻鹿正在森林裡尋覓食物，母鹿走在前帶路，小鹿則一步不離地跟在後面。母鹿低頭尋找食物時還不斷地回頭，好像是在與牠可愛的兒子說話，催促它快點走，不要跟丟了。

張獵人看了一陣，瞧瞧靠近了它們，然後神態果斷地舉起手中的弓，對準小鹿射出了箭，因為覺得小鹿一定更容易殺死。一時間小鹿血流如注，它的脖子中箭，傷口不停流血，就這樣一命嗚呼，倒地而死了。小鹿身邊的母鹿見了，雙腿一軟，居然也緩慢倒地，栽倒在了小鹿腳邊。

張獵人很快走了過去，查看地上的母鹿與小鹿，但令他感覺奇怪的是，母鹿怎麼也死了？而且這只母鹿的神情非常悲傷，簡直悲痛欲絕。張獵人仔細回想了一下，確定自己剛才根本沒有拉弓射殺母鹿，它怎麼就栽倒而死了呢？他掏出一把刀剖開死母鹿的腹部，這才發現，原來母鹿的心肝肺都已經全部裂開了，它是因為小鹿而悲慟欲絕呀！

張獵人被這一切給震撼了，頓時感到極為愧疚與難過，他好好埋葬了母鹿與小鹿，將它們葬在了一塊。此後，張獵人下定決心不再打獵了，他扔掉了手中的弓箭，來到山中一心修道，素食度日，最終修得圓滿。

這樣能震撼心靈的瞬間其實在世上並不少，張獵人頓時醒悟，所以去了山中修行，全在於他心中發了大慈悲心，即刻頓悟。那麼作為一個普通人，你是否從中領悟到了一點什麼呢？許多時候，生活的真相總會為我們顯現真理的意義，對於母鹿對小鹿的情感，我們只要換位想想就能明白，它無法接受兒子的死去，我們又何嘗能夠忍受失去親人的痛苦呢？

世界並不僅僅是我們以為的那個樣子，我們看到的那個樣子，我們時常想像的那樣……人們要用心去體悟，才能感受得到萬物的情緒、聲音與內在，才會有所得。

在對待他人與某些事物時，先考量一下你即將施行的作為吧，如果你尚且接受不了，忍受不住，解決不了……就不要輕易責備他人，推諉給他人，強加給他人。

再給大家呈現一則發生在某個非洲國家內的真實故事。

這個國家是由白人政府掌權的，對所有國民實施的是一種「種族隔離」政策，將白人與黑人的地位區分開來。政府定下的政策中，其中一條是不准黑人在白人專用的公共場所裡出現。而且，這個國家的白人也厭惡與黑人存在來往，將他們視為低賤種族，平日見到都會繞道走，神態鄙夷。

某天有個白人美女在沙灘上享受日光浴，她因為昨日過度疲勞，一不小心就在沙灘上睡著了。她曬得實在太久了，睡得也實在太久了，當她從睡夢中醒來時，發覺夕陽已經懸掛在海天一線的地方，黑夜即將到來。

她起身準備離開，這時卻感覺肚子很餓，就在附近找了一家餐館想去吃飯。

白人美女進了門，在靠窗的一個位置坐下來，已經是饑腸轆轆。這家餐館的人並不多，但她一直坐了大約一小時也沒有侍者招待她，心裡十分不解。在她面前，那些侍者都忙著招待其他客人，有些還是比她晚來的，對她簡直是視而不見。白人美女氣極了，決定問問這些侍者，為什麼遲遲不來招待自己。

於是她起身走向櫃檯，不料看到了眼前的一面大鏡子。這時她看著鏡中的自己嚇呆了，不由得心中五味雜陳，片刻她留下了悔恨自責的眼淚——原來她被太陽曬得太黑了，現在的她實實在在體會到了黑人是如何被白人歧視的！而在過去，她也是一個這樣的人！

有的人從來不知道自己對待他人的行為言語多麼可惡，只有當他遭受到同等待遇時，他才會恍然明白，自己過去的行為有多麼卑劣。

因而法師與許多古代聖賢一樣，宣導「己所不欲，勿施於人」的理念，這是一種讓自己宣揚慈悲心的觀念，也是一種給予人理解、尊重、友善的可貴品德。每一個人都應該為自己的行為負責，作為一個獨立的思維個體，如果自己沒有德行，教導他人、訓導他人的言行都將達不到功效；如果我們真心想要幫助他人，也應當先做好自己訂立的行為準則，倘若一味要求別人，卻寬待自己，自己不願承擔的責任、任務都交給他人……他人是否也可以有樣學樣，如同你一樣將他們不願、不能、不可之事都拋在你的頭上呢？

所謂「自尊者敬人，自信者坦誠，自愛者諒解」，你對待他人的品德是修身的法門，切勿高估了自身的修為。

人類的生活都是社會生活，不管你獨居還是群居，始終拒絕不了人與人之間最原始的社會關係。這種關係必然是一種互相體諒、互相幫扶的性質，又必定是建立在人與人互相理解的基礎上的，因為只有如此，社會才會在和諧中進步，人類才能從遠古蠻荒發展到現代文明。雖然人與人之間的理解總存在有多環節的障礙，但在經驗上，無論是誰都可以從趨凶避害的原始需求上尋找到理解他人的理由與意義。

「己所不欲，勿施於人」便是我們掌握並應用於現實的為人處世原則，能引導我們如何理解、體諒、幫助他人，將慈悲心化為雨露揮灑在世人身上。

◇開悟箴言

你要求別人做什麼時，首先應思慮清楚，自己本身是否也願意這樣做，如此的提出要求時才可心安理得。

當發現別人做不到某件事時，在斥責或譏諷之前，先想一想，自己是否也能做得到。如果你不能確認自己也可做到，或者你只是嘴上敢說卻不敢做的人，那麼請趕緊閉上你的嘴巴吧！

「佛在心中坐」其實只是人們的口頭禪，並不是事實，這是一種心境，讓佛學宛如一盞明燈可照亮我們前行的道路。但我們如果不能放下自私的起念，可能永遠也點亮不了這盞燈。佛緣都是在與他人相處時因發慈悲心、佈施善行而得到的，並無其他途徑。看清自己不易，對待他人也難，但只要護衛好自己的慈悲心，多發善心，人創造奇蹟也絕非妄言。

每個人都存有自己的是非心，都會有自己的見解。用自己的見解去要求別人，不如用他人的見解去審視自己。

「己所不欲，還施與人」的人自私而狹隘，其未來行走的道路也必將如入深巷，逼仄而幽暗。

自己能做的事自己應當來完成，不要凡事指望別人，該你完成的事情從來無法經由他人之手達成。

知足常樂知止常止，出世入世之法門

畏寒時欲夏，苦熱複思冬。妄想能消失，安身處處同。草食勝空腹，茅堂過路居。人生解知足，煩惱一時除。安莫安於知足。

——弘一大師

有這麼一位小商販，他從來沒有學過經濟學，卻能把生意做起來，讓他的兒子有些不解。

兒子曾看到他時常就把借據隨手一塞，對於跟他借錢的人很少追究，別人還他也好不還也罷，他向來不以為意。兒子之後讀了大學，後來成為了一個經濟學家，看到父親還這副樣子，就勸他說：「老爹，你應該管好你的帳目啊，不然你怎麼知道做生意是盈是虧？」

但這位小商販卻擺擺手說：「我從小就不懂得管帳，因為你爺爺死得早，給我留下的就是一堆爛帳。既然已經是爛攤子了，又何必在意那麼多，除去了過去損失的，如今剩下的不都是我的利潤嗎？」就是這種心態，讓這個小商販在做生意時反而順風順水，許多欠他錢的人後來都還上了，還給他帶來了生意。

他正是一個知足常樂的人，從不去刻意追求暴利，與人做生意時還能保持灑脫平和的心態，不過於計較得失，從而結交許多老客戶，在工作中得到了不少樂趣。他如此對待自己的事業和財物，養成了這樣知足的心態，對於他發展生意而言又何嘗不是有利的呢？

凡事不知足而不斷妄求的人，往往會造作許多惡業。

有個富商剛與妻子成婚，這位新婚妻子面貌豔麗，讓富商當初一眼愛上。但是時間久了，富商就發現她的鼻子不夠好看，心裡頓時有了些遺憾，覺得不滿意。後來，富商出門經商又遇見一個女人，這個女人儘管容貌不太美麗，但鼻子生的是高挺俏麗。富商就在心裡嘀咕，如果兩個女人的優點可以結合在一張臉上，那豈不就完美了嗎？

他想了很久，心裡有了一個荒唐的主意：我可以把這個女人的鼻子割下來，換到我妻子臉上嘛，那樣我就擁有一個容顏完美的妻子了！他於是就拿著刀去割了這個女人的鼻子，急急忙忙拿回家，對自己的妻子說：「來來，我找到一個極美的鼻子，讓我給你換上吧！」說完，他為了給妻子換鼻子，將妻子的鼻子也割了下來，決定把那個極美的鼻子裝上，結果無論他怎樣努力，鼻子始終安不上去，因為尺寸並不符合。

就這樣，他既割掉了那個女人的鼻子，又割掉了自己妻子的鼻子，最後沒有拼湊出一張完美的臉，反而還殘害了兩個女人，實在是罪孽深重。

倘若這個富商懂得知足，能忽略掉妻子鼻子的不美，能欣慰於妻子的臉已經接近於完美，或者滿足於妻子的賢良淑德，又如何會做出這種荒唐之極的舉動呢？而且他辦事無視萬物應有的倫常規律，逆道而行，又如何會不失敗？

人應該知道適可而止並知足常樂，擁有了這樣的心態，將有可能收穫意想不到的快樂。

某間寺廟裡的老僧人看到小沙彌的木魚破了，就給了他一個嶄新的木魚。小沙彌拿到之後非常喜歡，愛不釋手，過了幾天又對老僧人要求說：「您給我的這個木魚很漂亮，我喜歡極了，能不能再多給我一個呢？」

老僧人看著他問：「你已經有了一個，又要另外一個做什麼？」

小沙彌回答道：「我覺得它漂亮，就想多擁有一個啊。」

老僧人對他嚴肅地說道：「人的心是世上最不容易填滿的東西啊！當一個人吃飽了時，想要食物美味，當食物美味時還想要食物珍饈，當食物珍饈時還想要飛禽走獸。當一個人有了房子取暖時還要住得寬敞，當住得寬敞了想要高樓大廈。當一個人有了一錠銀子還想要一錠金子，有了一錠金子還想要萬兩金子……真是不知滿足，可是一個人就算有良田萬頃，又能吃多少糧食？有了高樓大廈，又能睡多大地方？有了萬兩金子，又能買到多少東西？得到的愈多，想要的卻更多更多，無窮無盡。」

小沙彌聽了頓時有所領悟，道：「我明白了！擁有的東西足夠用就好，不可以太貪心。」

老僧人點點頭，語重心長道：「沒有錯啊！人擁有的東西太多，與捨不得用，從未擁有過，又有多大差別呢？有的人財富極多卻不知道善用，那就只是個坐在財寶堆裡的人，一生還是毫無功德。真正有智慧能力的人，從來都是看重自己擁有了什麼而不是他人擁有了什麼哪！」

想要得到心靈的安寧、喜樂，最重要的莫過於知足常樂，知止常止了。否則，一輩子的時間再長，也得不到自己最終想要的東西，將在滿足不了的虛妄之心中死去，失去了本該擁有的一生安樂。

對此，弘一大師用很淺顯的語言闡明這樣的道理：「人總是在感覺寒冷時期望夏天快來，在感覺炎熱時期望冬天快來。實際上，真的等到那個時候來了，你仍然還是感覺不舒服。我勸你趁早打消這些虛妄的起念吧，只要安心泰然過日子，無論是夏天冬天都一樣，無論是山川河流都一樣。你應當想，吃素總比饑腸轆轆好，有茅草房住總比幕天席地好。人如果能懂得知足，煩惱自然會消散一空。」

不難看出，知足的利益無量無邊哪！

《賢文》中也如此寫道：「知足常足，終身不辱；知止常止，終身不恥」。便是引導人們要學會調整心態，知止知足，如此就能防止人性貪婪的弱點顯露在我們身上。不管是在什麼時候，我們處世待人都應該把握好尺度，知止常止，只有知道了尺度在哪才可以從容面對一切事務，讓自己心無煩擾，出世入世皆自在。

相反，如果我們做不到這點，就要承擔「人心不足蛇吞象」所招致的後果。常有人覺得別人的東西比自己的好，別人的生活別自己的好，是典型的「吃不到葡萄說葡萄是酸的」不懂得滿足的心態。其實，世間五蘊無常，風水輪流轉，此一時的得意並不意味著彼一時的順遂，何必去羨慕別人？

不如多學學弘一大師心中平安無求多喜樂的心態，將功名利祿看淡一點，知足者常樂，知止者常止，樂觀向上地面對生活，做個於己、於人、於社會都有裨益的人。

◇開悟箴言

事物本身並不存在好壞，是我們心中存在好壞才會在事物上映照出來參差區別。世上有很多東西在起初也都是沒有價值差異的，是我們因為一己所欲才給它們貼上名利的標籤，使得自己的情緒為擁有或失去它們而起起伏伏。歸根結底，再多的功名利祿也只是過眼雲煙，但求放下，只可以知道何謂滿足。

有的人有幾千塊就開心極了，有的人有幾千萬還覺得賺得不夠……殊不知錢是賺不完的，而生命有限，為什麼不看看自己已經擁有了什麼呢？知足常樂，要從鑄造一顆健康的心開始，讓自己的心從沒有盡頭的追求之路上停靠下來。

開心是沒有物質可以取代的，常樂難得。知足的人能夠從簡單平淡的生活中獲取快樂，要讓心裡生髮出滿足的感受，可以從基礎開始，平日多看書、聆聽、修身，克制對物質的極端追求，提升自己的智慧，用社會價值來確定事物的價值，而不要行為偏頗的價值觀。

一個人能夠知足，將不會受到物欲、情欲的左右，便能避免因為追逐欲望而造作惡業，遠離災禍誹謗，是為「知足不辱」。

能夠知足的人從來都生活簡單，能夠維持最基本的生活資料，內心世界卻從來都不曾匱乏，如此才是真正的富有，是為「知足者富」。

懂得知足的人，容易放得下，得失的念頭也就比一般人少，不起妄念，心地祥和安靜，這樣便不會有太多的煩惱，是為「知足常樂」。

如果人人都知足，都能夠安於自己所處的地位、身份，何愁社會不會安定祥和？人們的心安就在於「知足」二字上，只要心是安寧知足的，哪裡便都是安全的。

關於功名利祿及生命，蘇東坡的詩中說得好：「人生到處知何似？應似飛鴻踏雪泥，泥上偶然留指爪，鴻飛那複計東西！」個人的生命，不過是歷史長河中的一個微小片段而已，又何必計較那麼多，奢求那麼多。只要我們能夠盡自己所能留下一個爪印，做出一點貢獻，不就已經是充分享受過生命之美了嗎？

放下意在清心，收穫非同小可

修己，以清心為要。

——弘一大師

有位旅行者非常喜好背著一個大背包到世界各地旅行，終於有一日他感到了疲倦。

這日，他帶著自己的行李來到一位禪師座前，神色憂愁地說：「禪師啊！我覺得自己實在孤獨極了，不僅覺得寂寞還覺得痛苦，為了排解寂寞，我曾不惜長途跋涉到遙遠的地方。但是我的路途太難走了，這樣的旅行使我感到了疲倦，我的鞋子在路上被石頭割破，我的雙腳在路上被荊棘刺破，我的雙手在路上被烈日曬傷，我的嗓子在路上因為長久不歇的呼喊而嘶啞充血……但是我想找到那束能驅散我心頭陰霾的陽光啊，為什麼我至今仍然找不到？我至今也沒能尋找到快樂，到底屬於我的快樂在哪裡呢？」

禪師聽完他的話，問道：「施主！請問，你在自己的大背包裡都裝了些什麼呢？」

旅行者嘆息道：「這裡面裝的都是對我很重要的東西，有我每一次跌倒時感受到的痛苦，每一次受傷後流下的眼淚，每一次寂寞時生出的煩憂，每一次迷惑時產生的無助……我全是靠著這些才能走了這麼長的路，到您跟前來的。」

禪師這次沒有說話，而是帶著旅行者來到河邊，讓他與自己一同乘船渡河。

等到兩人上岸之後，禪師對他說：「現在，你扛了船繼續上路吧！」

旅行者很是驚訝，忍不住問：「為什麼我要扛了船上路？它那樣沉重，我如何能扛得動哪？禪師您是在與我開玩笑吧。」

禪師輕輕捋動鬍鬚，說道：「的確，你是扛不動它的！我們在過河時，船對我們是有用處的，所以我們乘船。可過河之後，我們就應當放下船繼續上路。如果放不下它，它將成為我們路途上沉重的包袱。你的痛苦、孤獨、寂寞、眼淚、無助，這些都是你在旅途中得到的東西，它們曾經對你領悟人生都是有作用的，可以使你體悟生命中艱苦的一面，但如果一直不忘，不放下它們，它們勢必將成為你人生的沉重包袱。所以，我的孩子，請勇敢地放下它們吧！生命不應該過於沉重，只有放下你才可以得到解脫。」

旅行者聽了頓時有所醒悟，立刻放下肩上的大背包繼續往前趕路。這一次他發現自己的步履輕鬆多了，原來他是可以放下的，原來生命真的可以輕鬆愉快起來。

只要我們能夠放得下，敢於放下，沒有顧慮地放下，心中自得清淨自在，無事不可以解脫。

一位老人家一輩子都在渴望得到幸福，於是來到佛祖面前祈求道：「尊敬而萬能的佛祖啊，我是您虔誠的弟子，請您賜予我幸福吧！」

佛祖慈愛地看著他問：「老人家，您今年高壽哪？」

老人家回答他說：「佛祖啊，我今年已經有60歲了。」

佛祖聽了覺得奇怪，問他：「不應該吧，你活了60歲，難道這60年來從未幸福過？」

老人家沮喪地回答道：「是啊，佛祖！我10歲時忙著玩耍，不知道什麼是幸福；20歲時忙於讀書，求得文憑；30歲時每天努力忙於賺錢，為了購房買車，結婚生子；40歲時我苦於升遷不成而孜孜以求，想要得到更高的薪水；50歲時我退休了本該享受天倫之樂，但為了孩子們的前途只得四處求人；60歲時我被病痛所苦，只得花盡錢財去求醫問藥……」

佛祖立時了然，對他說道：「老人家，看來我真的欠了太多的幸福沒有賜予你。現在，我想賜予你幸福，但是我看到你心裡充滿了太多的功名、錢財、煩惱、仇恨、執念、擔憂……我賜予你的幸福又將如何安放呢？」

老人家這時終於醒悟，果斷拋卻了心中的功名、錢財、煩惱、仇恨、執念、擔憂……終於感受到了幸福的味道。

幸福其實很簡單，只要我們能學會「放下」。

當然，要「放下」實屬不易，但更重要的是我們要有這樣的覺悟與決心，在放下之前需要看透自己心裡，究竟有什麼是過於執著並追求的。

佛陀曾遇到一位名叫黑指的婆羅門，看到他拿了兩個花瓶前來參謁，花是用來禮敬自己的。

佛陀有心要開示他，便對這位前來拜見的婆羅門說道：「放下吧！」

婆羅門聽了，當即把左手上的花瓶放下。

佛陀又對他說：「婆羅門，放下！」

婆羅門聽後，當即把右手上的花瓶放下了。

但這時，佛陀仍舊對他說道：「婆羅門，放下！」

婆羅門不甚理解，問佛陀道：「佛陀啊！現在的我已經是兩手空空什麼都沒有拿著了，還有什麼可以放下的呢？請問，您是要我放下什麼東西？」

佛陀微然一笑道：「婆羅門啊！我叫你放下的並不是你手中的花瓶，而是願你能放下你心中的六根、六塵與六識從。如果你把這些全部都放下了，那便足夠了，你再無囚牢，還可以從生死桎梏中得以解脫。」

婆羅門頓時有所體悟，明白了佛陀到底要他放下什麼。

「放下」何其困難，有的人博得了功名，就對功名放不下；有的人獲得了錢財，就對錢財放不下；有的人擁有了愛情，就對愛情放不下；有的人取得了事業，就對事業放不下；有的人贏得了聲望，就對聲望放不下；有的人佔據了高貴的地位，就對地位放不下……許許多多，都無法一一列舉，每個人都有放在心上難以放下的東西，所以才過得非常痛苦。

請在適當的時候，遵循佛陀指示將這些身外之物安然「放下」吧！你將看到另一片廣闊天空。

弘一大師對此深有感悟，認為一個人的自身修養，首要的就是保持心靈清淨。

世人有多少自認得到幸福與快樂了的？其實，有的人過了一生也不明白，真正的幸福與快樂並不意味著擁有更多財富、更高地位，獲得更大成就，而是心中的那份安寧，不受外界迷惑污染的境地，遠離邪知邪見，一身輕鬆自在。所謂高處不勝寒，古代帝王算是得到了最高的權勢與富貴，但有幾個帝王敢說自己是幸福快樂的？有幸能守住自己的清淨心的才可成就自己，才有機緣能造就無量大功德。大師所說的身心清淨，指的是一個人心中沒有憂慮、牽掛、煩擾、擔心、妄想、執著……生活簡單平常，淡然自如，最重要的是心中沒有絲毫暴戾之心，也不存有雜念、妄念，能一生自由自在平靜安詳。

試想這樣的生活多麼美好，這才是真正的幸福快樂。

想要放得下，就從當下的生活開始吧！我們隨緣不攀緣，試著告別過去，放下對過去一切事物的執念，讓新的生活從當下這一刻開始，自然就可過得安然自在，輕鬆愜意……過去無論得到過什麼那也已經過去，因為人不可能對過去的生命進行修改，無論曾擁有多少錢財、地位、聲望、力量，那都已經過去，得到過就應當放下。

我們每個人都應活在當下，而不是活在過去或將來。要記得古人常說的「放下多少就得到多少」，努力讓心中執著追求的東西放下，不使其佔據內心的空間，不使其影響我們的思維情緒，這樣才能為幸福與快樂騰出寬敞的空間來。

◇開悟箴言

只要心清淨了，一切就都清淨了；只要心自由了，一切也都自由了。

人一生中最執著追求的東西往往對你自身的傷害最大，因為你為此投入的精力、心血、執念最多，是這件東西促使你身心疲憊、患得患失、鬱鬱難歡……想要輕鬆度日，就該將它徹底放下，不要太過執著。

你對哪件事、哪個人、哪句話的執著心最強，其對你造成的影響就最大，因為這些都成為了你的弱點，但凡有人發動攻擊想要損毀，你的心就開始搖搖欲墜了。

全部的世界都是你的，全部的時間都是你的……只要你活在當下，可以得到所有的一切。因為過去屬於過去，未來的還沒有到來，當下才是最實在的、最珍貴的，過好當下的每小時每秒鐘，你會發現自己本來就擁有許多，沒有什麼是值得你必須執著不放的。

我們只能為此刻的人生做主，那就這樣做吧，應知此時此刻也是一種無限。

只要我們願意遠離名利的追逐，世事的侵擾、人間的攀緣，剩下可以得到的便是內心的清淨與安寧。

當我們有了一顆清淨心，便能有更多的時間用來反思自己，糾正自己，提升自己。

立身為山般正直，待人似水般寬容

襟抱，如光風霽月。氣概，如喬岳泰山。

——弘一大師

春秋時代，晉平公是一個不錯的皇帝。

這天，晉平公發現晉國的南陽有一個縣官空缺了，準備派遣一個有學識的人去填補空缺，但心中還沒有合適的人選，他便召來祁黃羊詢問意見。

晉平公問他：「依你之見，誰擔當得起這個縣官呀？」

祁黃羊認真考慮了片刻答：「主上，我認為解狐堪當此任，這個縣官讓他來做是最合適的了。」

晉平公聽了十分吃驚，問祁黃羊道：「奇怪，我聽聞解狐是你的仇人，你為什麼要舉薦自己的仇人呢？」

祁黃羊從容回答說：「主上，您是問我誰能擔當這個縣官，可沒有問我誰是我的仇人哪。」

晉平公覺得祁黃羊很公正，舉薦他人沒有私心，就任命暸解狐做南陽縣官。解狐的確是個人才，在上任後不久便做出了政績，南陽的百姓都對他十分稱讚。

過了好些時候，晉平公發現朝廷裡有了一個法官的空缺，再次召來祁黃羊詢問他的意見，問：「眼下剛好有一個法官的空缺，依你之見誰有能力擔當呀？」

祁黃羊想了想道：「臣以為，祁午就能做這個法官。」

晉平公聽完笑了，覺得奇怪，便問他：「別人都道舉薦他人應當避開親屬家眷，祁午是你的兒子，你怎麼還舉薦他呢？」

祁黃羊點點頭，從容不迫地說：「主上，祁午的確是我的兒子，但您問的是誰能擔當法官一職，並沒有問誰是我的兒子啊。」

晉平公聽了哈哈一笑，認為祁黃羊確實是個公正賢明的人，不偏不倚，為人正直。

後來祁午果真被任命為法官，正如祁黃羊所說的能公正執法，成為了一個好法官。

一個人心底正直，如果行善，所造作的善業將更大。

正直指的是一個人心中不存有任何私心雜念，實誠本分，或者還有些憨厚耿直。正直的人做事穩重，看待他人的眼光也會十分客觀，公正嚴明，有什麼說什麼，從不會站在自己的角度評判他人，如此給予他們的評價是值得借鑒的，是真誠的虛懷若谷，從不會做奸詐狡猾的勾當，足以令人倚重。

這樣的品格氣概著實難能可貴，可使普通人成就更大善業。

從前有一座山，山裡有座廟，廟裡有一個小和尚在講故事。

小和尚有一些學問與智慧，對自己的學識也還頗為自信，以為自己就是聰明人。

他腦筋轉得比較快，所以領悟佛法也比較快，常與師兄弟交流心得。但小和尚有個毛病，那就是他願意與聰明人交流，因為感覺愉快，不要多費口舌就能讓對方明白自己的意思；他不願意與資質較低的師兄弟交流，每當遇到學識淺薄、邏輯不清的人就難掩心中焦躁，特別是對待那些說話含混的師兄弟，幾乎每次都氣急敗壞，要大發脾氣。

這天，他遇到一位師弟來請教，說了幾遍對方也不懂，就生氣地罵了一句：「你怎麼還不懂呢，豬腦袋啊你！」師父看見了，批評了他，他嘴上雖然承認了錯誤，但再遇到這種情況還是控制不住脾氣。

後來有一天他上山打柴，這次遭遇的經歷總算讓他徹底改掉了這個毛病。

小和尚這天在山上打了許多柴，所以心情特別好，準備挑著柴回去，在溪邊休息喝水，遇到了山裡的一隻猴子。這只猴子是小和尚的朋友，經常在這附近出沒，有時候一看到小和尚就會跑出來，與他玩耍。

小和尚與它逗弄了一會，洗完了臉需要汗巾擦臉，但汗巾掛在柴擔上比較遠，他覺得很累不想動手，就試著指向柴擔，告訴這隻猴子幫他拿汗巾。

猴子不明其意，跑過去從柴擔上拿起一根木柴，跳了回來。

小和尚咯咯一笑，並不生氣反而覺得有趣，就對這隻猴子比畫了一番，讓它再去拿，還不停地對他說：「汗巾，汗巾啊！」

猴子只好撓撓頭再去拿，可取回來的仍舊是木柴。

這回小和尚發出的笑聲更大了，他決定再教一次，就拿起一塊石頭擲在汗巾上，再用手指給它看，邊說：「汗巾，拿那個汗巾喲！」

猴子第三次過去，結果還是拿了根木柴回來，臉上還露出很得意的表情，似乎以為自己做對了，非常志得意滿。小和尚看了，捧腹大笑。

小和尚挑柴回到寺廟，對師父講述了這件事。

師父聽完之後笑著問他道：「真是奇怪，你與師弟們講佛法，如果他們好幾次都聽不懂，你會忍不住發脾氣。但是這隻猴子教不會，你為什麼不會生氣呢？」

小和尚聽了一怔，才說：「猴子聽不懂我說的話很正常，因為他是猴啊。但是師弟與我一樣都是人，聽不懂我說的道理就不應該了呀。」

師父反問他：「什麼叫做應該？為何他們聽不懂就不應該？世上的人天生悟性就有所不同，資質也不同，所以我們說……有的人悟性好，並不算什麼功勞；有的人悟性差，也不是什麼過錯啊。即使兩人悟性同等，但由於後天得到的教育不同，對學問的領略程度也將有所不同。正如出生在書香門第的人知道的學問多，並不算什麼功勞；出生在販夫走卒家的人懂得的學問少，也不可以說是他的過錯。再則，個人遇到的導師不同，也可能境界不同。例如有人遇到了一燈和尚，修行的進展會較快；有的人遇到的是酒肉和尚，修行的進展就會慢。個人之間的差異如此大，你憑什麼認為誰應該懂，誰不應該懂呢？」

小和尚聽完這些，臉色有些羞慚。

師父又道：「更何況，五蘊無常，人世也無常。今天他的悟性不如你，被你瞧不起，被你喝斥……那麼明天他如果比你學問大了，到那時你又該如何，能忍受他的鄙視嗎？」

小和尚立刻低頭，表示他知道錯了。

師父對他繼續說道：「其實你最大的過失並不在此，而在於沒有用佛的眼睛去看，用佛的心去思考。」

小和尚覺著自己要有所開悟了，立刻跪倒在地求教：「師父！您教教我吧！」

師父微笑地對他說：「這並不難。你想想看，猴子與師弟同樣不能理解你的意思，為什麼你會對師弟生氣，卻會對猴子大笑呢？其實他們都是他們自己，問題出在你自己的身上。你不會對猴子發怒，是因為你覺著自己是人而它是猴，所以不由得居高一等，認為自己比牠有智慧是正常的，所以並不計較牠的錯誤。但你師弟與你同樣是人，你覺著自己的頭腦與他們相差不大，所以不能容忍他們犯錯。但如果是佛會如何看呢？佛是不會發怒的，因為佛的智慧比天還大，他能容納世上的一切。」

小和尚最大的錯誤就是，他沒有學會用佛的眼光來看待他人，用佛的慈悲去對待他人，更不懂得用佛的智慧去寬容他人。

佛家所說的發慈悲心包含的內容是很廣的——人不僅要愛你所愛，愛屋及烏，還能還寬恕你的冤家、對頭或仇敵，寬容你不喜歡的人，愛人如己。

一個人能夠寬容別人，也定然存有正直之心，正因為正直所以才能寬容，不偏不倚，不驕不躁，有容人之量。

弘一大師便是這樣一個正直寬容之人，他的胸襟宛如光風霽月一樣皓潔寬闊，氣概猶如喬岳泰山一樣剛直不阿。當別人因為誤會或無知等原因對弘一大師無理相向時，他都以大慈悲心去包容對方，以端正的言行去感化他們，卻也並不求得被所有人理解，只依照良心、善心、道理行事，問心無愧。寬容他人，不僅能給他人一次改過自新、重頭來過的機會，與此同時也為自己積累了一份安寧祥和。

倘若生活中的每一個人都能明白正直寬容的價值與意義，人與人之間將變得更為和諧，我們也將得到更豐盈且具有深刻內容的快樂。

不過寬容對方不代表我們可以輕易改變對方，真正的寬容就是要接納並包容對方當下的樣子，等待他成長、改正，有所進步。每個人都是獨特的個體，不必要用統一的要求來衡量，裝進同一個瓶子裡。想通了這一點，要做到寬容待人就不難了。

培養正直寬容的品格，是人不斷學會超越自己的過程，我們可以通過這種修行讓自己去除執著，學會放下。當我們變得越來越寬容，說明心量變得越來越大，心越來越清淨，目光變得越來越清明，因為我們已經將私心放下了，將嫉妒、怨憤放下了，也將輕視、誹謗、欺詐放下了。

我們每個人都該深深發願，願自己立身為山般正直，待人似水般寬容，是為察己悟道。

◇開悟箴言

正直是奸詐、油滑的反面，是一種坦蕩的胸懷，能使人自覺自願生髮慈悲心，助人為樂；能使人心正不怕影子歪，不與陰險的小人同流合污，而是自動自發地開誠佈公、泰然處事；能使人不屑於弄虛作假、粉飾天平，而是嚴於律己地查漏補缺；能使人不衝動急躁，不惶然不安，不做偷樑換柱之事，而是堅定持久地守護本心。

怨恨是一種難以消滅的情緒，還容易傳染與迴圈，生生不息……那麼當你遇到時，是繼承下去還是選擇用自己的寬容和善心來了結它。忍下一時之氣，你將是怨恨的終結者，不僅能讓自己多一分寧靜，還可以傳遞出理解與關懷融化對方心中的冰山，催生對方心中的善心。

寬容待人，即是廣結善緣，與佛有緣。

願我們能寬容過去曾經對我有過輕蔑、誹謗、嫉妒、貶損、欺辱、詐騙過的人，願別人帶給我的傷害將化作我內心的憐憫與慈悲，去感化他，度化他！

你願做一個心胸狹窄的人，還是做一個寬厚正直的人？那些心量狹小的人，人們不經意的一句話就有可能把他傷害，因為他害怕畏懼的東西太多，心思過度敏感，令周圍與他相處的人時時提心吊膽，畏手畏腳。寬厚正直的人心胸寬闊，有容乃大，不會因為旁人一兩句惡言而發怒，也不會整天怨天尤人，會以自己的寬容給周圍的人帶來安樂祥和，使與他相處的人自然而然想與之接近。

容人的氣度非常重要，待人接物要把心放開，有多大放多大。

寬容是睿智的善行，能為別人撐起一把傘，避免四面八方襲來的打擊、傷害，只留溫暖友善，宛如溫煦的陽光永存。這樣的人不但能溫暖他人與自己，還能讓社會增添一份寒風中的溫暖。

真正的慈悲是建立在公正地認識到他人與自己其實擁有同樣的權利上的，你的親朋有權利獲得快樂，你的敵人也有權利追求快樂……在這個認識上發展出的慈悲心，便是寬容。寬容他人，是因為他們也有幸福快樂的權利，不要因為一時過失就剝奪掉他們的權利。

物極必反，與人留餘地自身避兇險

處事，須留餘地。物忌全勝，事忌全美，人忌全盛。

——弘一大師

秦國的李斯在當時極為有名望，地位崇高。他的長子李由後來當了三川郡守，幾個兒子娶的都是秦國的公主，幾個女兒又都嫁給了秦國的皇族，使得他的地位越來越高了。

某日，他的兒子三川郡守李由休假返回咸陽，李斯見兒子回來了很高興，就在家中大擺筵宴。文武百官聽到了消息，都趕到李斯府，慶祝李公子返家。當日李斯府門口車水馬龍，來了好多達官貴人。

李斯看到這個情景，忍不住長嘆一聲道：「唉，過去荀卿說『事情不要過頭』我還不以為然。現在看看，我李斯從一個平民、街巷的百姓爬到了現在的地位，是多大的恩寵啊。皇上不嫌我才疏學淺，給了我這樣高的地位，如今整個朝廷，幾乎沒有人比我的官職高，簡直是得到了絕對的富貴榮華，一人之下萬人之上！然而，我很擔憂啊！花盛開到了極點將會衰敗，盛極一時的朝代如果到達了鼎盛階段就會開始逐漸衰落，我如今佔據了這樣高位，未來堪憂哪！」

果然是應了《老子》所言「福兮禍所伏」這句話，李斯在最後的下場很慘。由於被趙高設計陷害，李斯後來被秦二世處以腰斬，全族被滅，過往的榮華富貴全部灰飛煙滅。

古時候的將相們所得到的權力地位都是當權者賜予的，一旦達到了頂點，皇帝難免對其產生猜忌、防備，其中潛伏的危險也就隨之而來了。今日座上客，明日階下囚，都是瞬息之間的事情。

所以做人不要追求極高的地位與名譽，站得太高不僅樹大招風且功高震主，容易將自身置於兇險境地，到了那時想退都尋不到後路。

三國演義的故事大家都很熟悉，諸葛亮曾七擒七放孟獲，最後讓他心服口服地歸順了，成為一段佳話。如果是換了一個人，只怕第一次抓了他時就會一刀宰了，才不會屢次與他玩貓捉老鼠的遊戲，但諸葛亮卻如此做，是為什麼呢？或許有不少人會覺得他多此一舉，沒有必要這樣做，耗費那麼多的精力對待這樣一個人，並不值得。我們需要深入思考一下，才能明白諸葛亮深謀遠慮的智慧。諸葛亮可不傻，他是劉備智囊團的核心人物，凡事懂得照管全局，不會僅憑慈悲就如此行事，他其實是給孟獲留下了一條退路，也就是給自己留下了餘地。別人想的大概是如何打勝仗這一點，但諸葛亮想的是如何讓一個人才心甘情願地效忠蜀國，如何使其心悅誠服、付出忠心。

因而他給了孟獲七次機會，終於在第八次生擒孟獲之後，得到了他的忠心，使他帶領部屬甘心歸降，對於諸葛亮佩服得五體投地。

可見，給別人留有餘地就是給自己的發展創造更多可能，還能避免失敗與災禍。

弘一大師道：「為人處世應當留有餘地。人們辦事最好不要取得全勝，一件東西最好不要生得極美，我們做人最好不要地位極盛。」正所謂「樂極生悲，物極必反」，任何事情都逃不過這樣的發展規律，一旦達到最高點，就將走向反面。

盛極轉衰更是歷史的必然，一個國家、一個朝代、一個人都改變不了這種規律，因而我們不要太過爭強好勝，什麼事情都力求完美，「最好、最美、最高、最遠、最多、最大」這種制高點就算取得了又如何呢？到頭來還是一場空，不如平淡處之，在有限的人生中活出屬於自己的那份純真與美好。

韓非子曾在《說林》中這樣寫道：「刻削之道，鼻莫如大，目莫如小，鼻大可小，小不可大也，目小可大，大不可小也。舉事亦然，為其不可複也，則事寡敗已」他說工藝木雕的關鍵之處，第一點是刀下雕刻出的鼻子要大，眼睛得小。鼻子如果雕刻得大了，就可以慢慢削小，要是一開始就刻小了，便沒有法子補救。眼睛就要一開始刻得較小，因為刻小了可以挖大，但若開始雕刻時就刻得很大，那便沒有法子變小。這也正是說出了我們平素辦事應當多留有餘地，如此才能有後路，能讓自己將事情辦得更加妥當，也不至於遭受失敗。

《菜根譚》中還說道：「待人而留有餘，不盡之恩禮，則可以維繫無厭之人心；禦事而留有餘，不盡之才智，則可以提防不測之事變。」也是告訴了人們，凡事留有餘地會有哪些好處。法師對於這種觀念也深以為然，認為世人在生活中之所以會與人尷尬，大部分是由自己造成的，某些嫌隙的產生無非就是因為自己曾經把話說得太極端、太絕對了。

遇事多一分考慮，並不會耽誤我們太長時間，與人留下餘地，便是為自己預備了一條後路。畢竟生活瞬息萬變，居安時思危，隨時隨地保留餘地是為大智慧。

既然瞭解了這個道理，我們在談論、評價別人時就該存下三分厚道，去除三分刻薄，話切勿說得太滿，也千萬不可說得太絕。這般我們才可以遠離災禍，也讓他人因為我們為其留下的尺寸之地而心懷感激，不會施以怨恨或報復。

只需要留下一點餘地，就可給予他人一次悔悟改過的機會，並為他保存顏面與名譽，避免樹敵，何樂而不為呢？如此，每個人都可以在心中孕育出容納萬物、蘊蓄生機的偉大氣象啊！

◇開悟箴言

把圓滿當成終極目標去追求，是一種強求的心態，會使人患得患失，囿於這種窮盡精力以求完美的囚牢中。佛家的思想教導我們，為人處世需留有餘地，與人便宜，凡事不可做絕，便減少了一分我們置身絕境的可能。

輸贏沒有什麼值得我們嘆息的，因為那不過是人一生經歷中的某個過程，某個月台，並不是最終的結果。關於人最終的結果，都是歸於塵土，飄浮在宇宙之中，無有差別。

「月圓轉虧、水滿必溢」是自然世界的發展規律，當事物存有短缺時它自然會生長發展，但當事物迎來圓滿的盡頭時，等待它的便是死亡。

把他人逼到絕路對我們自己並沒有什麼好處，還會造作惡業，不如放下心中的爭勝之心，因為無論多大的勝利也是短暫的，何必太過看重。

《中庸》中寫道：「博厚配地；博厚，所以載物也。天地渾厚博大，相容並蓄，能有多姿多彩的大自然。」做人當依循此道，將淳厚寬容作為我們的本性，待人處世不要走向極端。這樣的性情可促使我們的身心達到和諧的境界，並能促使人群和諧、社會和諧、世界和諧，成就大功德。

試想，如果我們每個人都能夠保持天地含蓄之氣，與人為善，處處有餘地有空間，這個世界將會何等和諧美滿？真正的美滿來自於人們心中留存的那一片寬廣空間，而不是與人爭勝，求得一時一刻的短暫輝煌。

後記

禪是人們起心動念中的一滴水

人生短暫，五蘊無常，煩惱痛苦難以消除，因而世人常有嚮往佛法清淨世界之心，但究竟如何去做，大多人只是看到了佛門，卻摸不進佛道。

其實，佛法不離世間法。

本書的出發點，正是為了替大眾提供一個場所，經由弘一大師的人生體悟幫助大家通達佛道，領悟人生真諦，儘管這種推動的作用十分微小，但編者力求能傳遞給人們一種堅定的信念——只要有求佛問道之心，佛門將永遠為您敞開。

在佛家眼中，世人都是沒有差別的，求佛之心只要虔誠端正，便彌足珍貴。讀完這本書您會知道，求佛並不可能在佛學中找到一勞永逸的行事法則，能得到的，不過是一種看透、看清、看淡外界物相的智慧而已，但僅僅如此已足夠讓我們受用一生。

弘一大師字字珠璣，值得我們細細品味，慢慢體悟。

綜觀整本書的內容，編者自認為不能將期望付諸於筆端的內容表達百分之一，但也算戰戰兢兢，將弘一大師所言真理闡明清晰，但求通俗精簡，願讀者能有所收穫。

至於修身與求佛的密切關係，學禪與生活的緊密聯繫，還是借由聖賢之言為大家呈現一二吧！

佛教創始人釋迦牟尼曾這樣問自己的弟子：「一滴水怎樣才能不乾涸？」

弟子們答不出，最後釋迦牟尼如此答道：「將它放到江河湖海裡去啊。」

我們對待自己的修行也當如此，逃避現實生活是不切實際的作為，與其獨自躲到深山野林中去修行，還不如在群居中靜心修行。逃避或脫離現實的修行，並不一定就可證得正果，若心中有佛，處處都可悟道，都能求得內心安寧。

就算獨居時證道了，頓悟了，這樣的人也不過是個自了漢，只能讓修行利己，不能用自己的善心去利益眾生，那麼這樣修行的意義又在哪裡？

自己明白佛法，但是無法普度眾生，就是所謂的「自了漢」。這樣的修行人仍舊是存有私心，並不能真正利於他人，利於社會。而我們從弘一大師的經歷中是否可領悟到——人生在世，為何不能以出世的心，去做入世的事呢？

我們修身修心不該只是為了自己，僅僅是為了讓自己獲得某些成就而做的修行，將是虛無縹緲的，難以落在實處。學禪自修要真正實現效果，於己於人都有利，就應當投入到生活中去修，去服務、利益大眾，如此我們才可能真正地喜樂，獲取永恆的法樂。

禪就是人起心動念時的一滴水，如果僅放在自己掌心，它在萌生之初就將乾涸，只有放置於江河湖海，放在眾人的心靈之海上，才能以澄澈的水分滋潤我們這顆貧瘠的心，催發善念，滋養慈悲心，才能在後來變化為我們的心靈之燈、自渡之舟！

如果我們每日觀心，就會發現禪並不遙遠，並不陌生，更加不需向外界尋求。禪就在我們最本真的內心裡，由心中生髮、萌芽、成長……如果能守住原本的真我，防衛住，阻止外界想要跳入進來的一切罪惡、欲望、執念、虛妄之心，我們順其自然就能獲得安樂、清淨、自在、歡喜、灑脫、淡然……

然而，倘若你還有一絲妄念、惡念、雜念存在，你將與這所有的失之交臂。

「雲在青天水在瓶」，弘一大師能在鼎盛時急流勇退而學佛，最終有所成就，可見禪道並不難尋覓，我們只需要守住這顆心，就已足夠。

最後，編者希望糾正大家一個錯誤的觀念，千萬不要以為只有捨棄工作才可以學禪自修，以為只有逃離現實生活才可以獲得解脫——殊不知，那才是虛妄的起念。禪道就在眼前，就在當下，你只要能夠用心專注於此，將心從過往的種種桎梏中釋放出來，從自己的生活中體悟真理佛理，將佛放置在心中便是水到渠成的事情。

生活就是修行，領悟生活就是遁入禪道。